现代英语语言学新视野

王　菲　唐文俐　廖北平◎著

北京燕山出版社
BEIJING YANSHAN PRESS

图书在版编目（CIP）数据

现代英语语言学新视野 / 王菲，唐文俐，廖北平著
. -- 北京 : 北京燕山出版社，2022.7
ISBN 978-7-5402-6553-3

Ⅰ. ①现… Ⅱ. ①王… ②唐… ③廖… Ⅲ. ①英语—语言学—研究 Ⅳ. ①H31

中国版本图书馆 CIP 数据核字(2022)第 084314 号

现代英语语言学新视野

作　　者	王　菲　唐文俐　廖北平
责任编辑	金贝伦　贾　玮
出版发行	北京燕山出版社有限公司
社　　址	北京市丰台区东铁匠营苇子坑 138 号 C 座
电　　话	010-65240430
邮　　编	100079
印　　刷	北京四海锦诚印刷技术有限公司
开　　本	787mm × 1092mm　1/16
字　　数	212 千字
印　　张	12
版　　次	2023 年 10 月第 1 版
印　　次	2023 年 10 月第 1 次印刷
定　　价	72.00 元

前　言

语言是人际交往的重要工具，在增强人们之间的交流与沟通，促进社会和谐方面发挥着重要作用。人们对语言的研究有着悠久的历史。但是，作为凝聚这些语言研究成果的语言学，在很多人的心中，却显得晦涩陌生，是一门缺乏实用价值的学科。近几十年来，随着科学技术的发展，人际交往在大众心目中的重要性明显提升，语言学也进入迅速发展的轨道，得到更多人的关注。

英语是世界上使用最广泛的语言。在现代英语语言学中，越来越多的人认识到语言在当今社会的重要性，人们对语言学的研究成果使得语言学领域越来越丰富，研究人员在普及语言学知识方面做出了更多贡献。英语语言学研究在新的世纪不再是单纯的语言基础研究，应该本着开放的视野，更加注重研究的深度以及与其他学科连接的广度，并应随着学术研究的跨学科发展趋势，拓宽英语语言学的研究视角。外语工作者应不断深化哲学视角、文化学视角及政治学视角研究，推动英语语言学研究在新时期和新阶段的进一步发展。

英语语言学现在已经成为人文科学中的带头学科。本书首先介绍了语言、语言学的内容，进而研究了英语语言学的重要分支，涉及词汇学、句法学、语义学、语用学，然后针对应用语言学的理论、核心领域展开分析，在此基础上探讨了应用语言学在现代英语语言学中的具体应用。本书内容全面、论述充分，将与语言学相关的内容多角度、全方位地展现出来，有利于读者在加强理论学习的同时在脑海中勾画出整体框架，对于深化读者对语言现象的理解、拓展读者的思维都大有裨益。

创作一本好著作需要大量的基础研究和耗时巨大的基础文献梳理工作，本书很多章节虽力求文字表述清晰简洁，但作者能力有限，书中还有很多可修改完善之处，望读者、专家同行、专业教师多多反馈斧正。

前言

目 录

第一章 现代英语语言学概论

第一节 语言的内涵与外延

一、语言的内涵

关于语言的内涵，不同的学者和专家有不同的观点和看法。下面就介绍一下近现代哲学家和语言学家对语言内涵的认识和看法。

洪堡特（Humboldt）认为，语言是构成思想的工具。①

施坦塔尔（Steinthal）提出，语言是对意识到的、内部的、心理的和精神的运动、状态和关系的有声表达。

以上说法是针对语言与人类精神活动的关系来讲的。

舒哈特（Hugo Schuchardt）认为，语言的本质就在于交际。②

萨丕尔（Sapir）认为，语言是人类特有的，非本能地利用任意产生的符号体系来表达思想感情和愿望的方法。

以上说法是针对语言功能来讲的。

索绪尔（Saussure）认为，语言是表达思想的符号体系。

叶姆斯列夫（Hjelmslev）认为，语言是……纯关系的结构，……是不依赖于实际表现的形式或公式。③

以上说法是针对语言的结构特点来讲的。

乔姆斯基（Chomsky）认为，语言是一种能力，是人脑中的一种特有的机制。此观点

---

① 薛冰，贺鹤. 探索洪堡特的语言世界观［J］. 科学与财富，2020（36）.

② 石树. 舒哈特及“词与物”学派［J］. 广东外语外贸大学学报，2014（2）：47-50.

③ 龙启艳. 析叶姆斯列夫的元语言理论［J］. 语文学刊（高等教育版），2009（11）：69-71.

是针对语言的心理和认识基础而展开的论述。①

尽管前面从不同角度对语言的内涵进行了阐述，且都对语言的特征进行了一定的说明，但却不是全面的，而且即使将上述观点融合在一起，也不能全面地说明语言的内涵。可以说，迄今为止还没有一个确切的“语言”内涵的概念。

总之，语言最直接、最简明的定义就是：语言是一种口头交际工具。

二、语言的外延

对于语言的外延，这里主要介绍其结构与建构两个方面。

（一）语言的结构

语言是音义结合的词汇和语法体系，语言包含的所有结构要素都有规律地相互联系和制约，构成一个统一的整体。

在语言体系中，词汇就像语言的建筑材料。词汇主要包括词和熟语，其中的词是能够独立使用的最小单位，主要由词素构成。而词素是语言中的最小单位，不能再继续划分。例如，英语中的“manly”是由词根“man”和后缀“-ly”两个词素构成的；汉语中的“奶牛”是由“奶”和“牛”两个词素构成的。熟语是词的固定组合，如英语“cast pearls before swine”、汉语“对牛弹琴”等。需要指出的是，词汇不能脱离语法的支配，而只有在语法的支配下，词汇才具有可理解的性质。

语法是指语言的组织规律。在一定的语法规则的支配下，词素可以构成词或词性，词可以构成词组，词组可以构成句子。词素构成词的规则为构词规则；词搭配成词组的规则为造词组规则。语法规则是语言中现成的，它们构成语言的语法，用来组织词汇单位，所以可将其称为“语言的建筑法”。构词规则即构词法，构形规则即构形法，构词法和构形法合称为“词法”。词法可进一步分为词素分类和词类。构造词组的规则即词组构词法，造句规则即造句法，词组构词法和造句法合称为“句法”。句法又分为词组类型和句型。

词汇和语法都是音义结合的。这里的“音”即语音，是作为语言的物质外壳而存在的，其最小单位是音素；这里的“义”即语义，是语言的意义内容，其涉及词汇意义、语法意义和修辞意义三个方面。对于语义来讲，语音就是表现形式，没有语音的物质形式，语义也就不能表达；但是如果只有语义形式而没有语义内容，那么声音也就不能称为语言

---

① 吴娟. 乔姆斯基的语言观综述［J］. 山海经（教育前沿），2020（3）：7，12.

单位。

总之，语言是以语音为物质外壳、以语义为意义内容、音义结合的词汇建筑材料和语法组织规律的体系。语言体系是在人类历史的发展过程中形成的，是客观存在的，是约定俗成的，具有较强的稳定性。此外，各语言体系还具有民族性。因此，在学习和研究语言的过程中，必须对语言体系及其结构要素间的关系加以重视。

（二）语言的建构

建构的含义主要包括两个方面：一是指利用语言体系中的材料构成话语；二是指利用话语中的创新，在其约定俗成之后，充实语言结构体系。语言的建构主要有两个特征：阶段性和连续性，二者是相统一的关系。阶段性使得语言结构相对稳定，能够保证交际的需要；而连续性使得语言结构不断发展，能够满足不断增长的交际需要。

任何语言的结构都是在交际和思维活动中建立起来的，并通过使用逐渐形成，形成之后也不是固定不变的，而是不断发展的。因此，建构是动态的，在语言交际过程中，建构无数新话语的同时，话语中的创新成分不断丰富着语言体系。

综上所述，语言结构和语言建构是相互联系、相互作用的。如果语言结构离开了语言建构，那么语言结构就不能适应社会交际，语言体系就会显得匮乏。因此，语言学在继续研究语言结构的同时，还应研究语言建构的基本规律，以促进语言的发展。

第二节　语言的特征与功能

一、语言的特征

（一）任意性

“任意性”的概念最早是由索绪尔提出的，如今已广为人知。任意性是指语言符号的形式和意义之间没有自然的联系。① 例如，人们无法解释为什么“一本书”会读作“a book”，“一支钢笔”会读作“a pen”。语言的任意性还有不同的层次。

---

① 彭飞. 浅谈索绪尔的语言文字观［J］. 汉字文化，2020（17）：165-167.

1. 语素音义关系的任意性

很多人认为，拟声词不属于语言任意性特征的行列。拟声词是指一个词是靠模拟自然声响而形成的。例如，汉语中的“叮咚”“轰隆”“叽里咕噜”等。它们的形式似乎建立在天然的基础之上。事实上，用不同的语言来描述同一种声音，其表达方式是不同的。例如，英语中的狗叫是“bow-wow”，而汉语中的狗叫是“汪汪汪”。

语言的任意与拟声是可以同时发生的。下面就以威德逊（H. G. Wid dowson）从济慈（John Keats）所著《夜莺颂》（*Ode to a Nightingale*）一诗中摘取的一行诗句为例进行说明。

The murmurous haunt of flies on summer eves.

夏日夜晚飞虫嗡嗡飞。

如果读者大声朗读这句话，就能感受到声音与意义之间的联系。但这种效果并非来自词语本身，而是在读者知道词语语义后才建立起来的联系。为了证明这一点，可以试想如果读者用发音类似的词“murderous”（蓄意谋杀的）替换“murmurous”（嗡嗡声），那么该词的语音与苍蝇飞动发出的嗡嗡声就完全失去联系了。只有当你知道一个词的意义后，你才会推断它的形式是合理的。此观点适用于大多数拟声词。

2. 句法层次的任意性

系统功能语言学家和美国功能语言学家认为，在句法层面上语言是非任意性的。

所谓句法（syntax）是指根据语法组成句子的规则。正如我们所知，句子成分的排列顺序要遵循一定的规则，小句的顺序和事件真实的顺序有一定的对应关系。也就是说，句子的任意程度低于词语，特别体现在下面的顺序关系中。试比较：

（1）He came in and sat down.（他进来坐下。）

（2）He sat down and came in.（他坐下进来。）

（3）He sat down after he came in.（他进来后坐下。）

阅读完（1）句后，读者可以很容易排出两个动作的先后；当读到（2）句时，读者会按与实际情况相反的顺序来理解——也许他是坐上轮椅再进入房间；而在（3）句中，一个“after”调换了两个分句的顺序。因此，功能学家认为语言中最严格意义上的任意性只存在于对立体中区别性语音单位里，如成对词语“fish”和“dish”、“pin”和“bin”等。

3. 任意性与约定性

通过以上分析可知，语言符号的形式与意义之间的关系是约定俗成的，即是约定性的关系。这里就来解释一下任意性的反面，也就是相对任意性的约定性。作为英语学习者，他们经常会被告知“这是惯用法”，也就是说它是一种约定俗成的说法，即使它看起来或听起来有些不合逻辑，也不可以做任何改动。任意性使语言有潜在的创造力，而约定性又使学习语言变得艰难和复杂。对外语学习者来说，语言的约定性比任意性更值得注意。这就说明为什么我们在费力地记忆惯用法时，对语言的任意性浑然不觉，但对语言的约定性却时常感到头疼。

（二）二重性

语言的二重性是指语言具有两层结构层次，上层结构的单位是由底层结构的元素组成的，每层结构又有各自的构成原则。

一般来说，话语的组成元素是本身不传达意义的语音，语音的唯一作用就是相互组合构成有意义的单位，如词。我们把语音称为“底层单位”，与词等上层单位相对立，因为底层单位没有意义而上层单位有独立明确的意义。二重性只存在于这样的系统之中，既有元素又有它们组合所成的单位。许多动物用特定的声音交际，它们都代表相应的意思。所以，我们说动物交际系统不具备这一人类语言独有的区别性特征——二重性。正因为如此，从人类角度来看，动物的交流能力受到很大的限制。

说到二重性，我们就必须注意到语言的层次性。例如，在听一门我们不懂的外语时，我们会认为说话者流利的话语是持续、不间断的语流。其实，没有一种语言是没有间隙的。要表达分离的意思就必须有分离的单位，所以要对一门新的语言解码首先要找到它的单位。音节是话语的最小单位。音节之间的结合可以构成数以千计的语义段，也就是词的组成部分，被称为“语素”，如前缀“trans-”、后缀“-ism”等。有了大量的词，我们就可以联系更多的意义，进而组成无数的句子和语篇。

总之，语言的二重性对于人类语言有着巨大的创造性。人们仅用为数不多的几个元素就可以创造出大量不同的单位。例如，一套语音系统（如英语的48个语音）可以产生大量的词，运用这些词又可以产生无穷的句子，不同句子的有机组合又能形成不同的语篇。

（三）创造性

创造性指语言的二重性和递归性使语言变得具有无限变化的潜力利用语言。从而产生各种新的意义。很多例子都能证明，词语通过新的使用方法能表达新的意思，并能立刻被没有遇到过这种用法的人所理解。这种能力正是使人类语言有别于鸟儿那种只能传递有限信息的交际手段的原因之一。

但如果仅将语言看成是一个交流系统的话，那么语言也就不是人类所独有的了。我们知道，虫、鸟、鱼、狗及其他动物都能通过某种方式进行交流，只是所传达的内容极为有限而已。语言的创造性部分来自它的二重性。也就是说，通过组合基本的语言单位就可以创造出无限多的句子。其中，多数句子是说话人从没有听过也没有说过的。

另外，语言的创造性还体现在它可以产生无限长的句子。语言的递归性为这种可能性提供了理论基础。

（四）移位性

移位性是指语言使用者可以用语言来表达不在交际现场（时间和空间上）的物体、事件及概念。例如，我们可以就秦始皇的作为畅所欲言，尽管秦始皇是公元前 200 多年的人物；我们可以谈论南极的气候，尽管南极离我们遥不可及；我们可以说“明天有暴雨”，而明天实际上还没有到来，这就是我们所说的语言的移位性。

很显然，动物的“语言”不具备这一特性。白蚁在发现危险时，会用头叩击洞壁，通知蚁群迅速逃离；蜜蜂在发现蜜源时会摆动自己的尾巴，并通过这种“舞蹈”向同伴报告蜜源的远近和方向。但这些都必须是发生在同一时间和空间的情况下，一只狗不可能告诉另一只狗“昨天主人不在家”或是“去年的夏天真热啊”。可见，只有人类的语言可以打破时间和空间的约束，也即具有移位性的特征。

二、语言的功能

（一）交际功能

语言最重要的功能就是交际功能。语言的交际功能是指人与人之间通过语言彼此交流，互相沟通和交换信息，这是人类社会得以发展和维持的必要因素之一。人类沟通的手段有很多，语言是最重要的一个，其他的沟通手段仅起到辅助性的作用，如身体语言、表情等。当然，语言要发挥其交际功能需要语言使用者遵循一定的语法规则，如美国哲学家格赖斯（H. P. Grice）提出的“合作原则”（Cooperative Principle），该原则共有四个范畴：质准则（Quality Maxim），即话语的真实性；量准则（Quantity Maxim），即话语的信息量；关系准则（Relation Maxim），即所提供话语与当前信息是否有关；方式准则（Manner Maxim)，即话语是否清晰明了。[①] 另外，人们在交际过程中还会出于某些需要而故意违反合作原则，即特殊会话含义，这就需要交际双方根据情景推导出表面话语下隐含的真实意图。总而言之，语言是人们最主要的交际工具，人们只有遵守语法规则才可以更好地发挥语言的交际功能。

（二）信息功能

语言是信息的载体，是人们用来表达思想的主要工具。语言的信息功能主要体现在人们使用语言进行沟通、将想要表达的信息传达给对方以及人们使用文字将信息记录下来。可见，语言是人类用来表达价值观、世界观以及自身内在意识世界的重要手段。

（三）情感功能

在人类语言具有信息功能的前提下，语言就能发挥情感功能。例如，语言可以用来控制交际双方的情绪，当一个人感到悲伤的时候，如果能听到几句安慰的话语将会很快减少悲伤情绪；当一个人感到激动的时候，如果得到一句“冷静”的提示将会缓解当下的情绪。除此之外，人类还可以使用语言来传达感情，生气时可以说几句发泄的话语；看到美好的景物时，可以吟诵几句诗词表达赞美。语言的书面形式同样可以发挥其情感功能，这也就是我们看到感人的故事会潸然泪下，看到恐怖的故事会心惊胆战，看到幽默的故事会忍俊不禁的原因。

（四）标志功能

语言的区域性决定了它的标志功能。不同的民族通常有属于自己的语言，同一民族的不同地区也可能有属于自己的方言，所以人们往往通过一个人使用的语言就能判断其所在的民族或地区，这就是语言的标志功能。

（五）元语言功能

元语言功能就是用语言来解释语言的功能，又可称作“解释功能”。例如，我们可以用“人”一词来讨论一个人，或是用“人”来讨论语言符合“人”。为了将语言组织为完整的文本，作者需要使用特定的表述方法向读者传达准确的信息。再如，“Around the cor-

① 南红红. 对格赖斯含义分类体系的反思和补充［J］. 海外英语. 2020，(6)：104-106，110.

ner I found a little dog.” 和 “I found a dog around the corner.” 虽然这两句话表达的意思类似，但是侧重点不同，第一句强调“我发现了什么”，第二句则强调“我在哪里发现了小狗”，这就是所谓的元语言功能。正因为语言存在这一功能，才使得人们可以谈论“谈话”，可以思考“思想”，可以询问“问题”。

（六）审美功能

人类除了使用语言，还赋予语言审美的功能。这也就是我们常说的语言的美感。例如：

（1）听歌。

（2）听歌曲。

（3）聆听歌曲。

（4）聆听歌。

上面四个句子表达的意思基本相同，句法也均无误，但在实际生活中，人们一般不会使用（4）这样的句子，因为它不符合语言的审美要求。

另外，语言的审美功能还体现在修辞手段的使用上，如比喻、排比、双关、拟人等手法都可以美化语言，彰显语言的艺术美感。

此外，诗歌、口号、绕口令等也是对语言审美功能的应用。

（七）智力开发功能

语言还具有极强的智力开发功能。人类的语言中枢位于大脑皮层的左侧，它可以控制人类的思维和意识等高级活动，所以说语言是一个非常复杂的活动。一个人的智力发展和形成概念的方法在很大程度上取决于语言。可见，人类的语言和智力有着密切的关系。人们可以通过训练语言功能，来实现开发智力的目的；相反，如果一个人先天就丧失了语言习得能力，那么他的大脑智力以及其他能力的发展也会受到影响。

第三节　语言学的综述与流派

现代语言学是一门独立的学科，旨在揭示现代语言的内部结构和发展运用规律，有坚实的理论基础，有具体的研究目标和对象，具有科学的、系统的研究方法，而且研究范畴相当宽泛。不同的语言学家，其立场不同，因而研究方法也不同，相应地，对语言本质特点的认识就有所不同，因此形成了不同的语言学流派。现代语言学始于瑞士语言学家索绪尔。继索绪尔之后，西方语言学出现了多个语言学流派。本节就对现代语言学的主要理论流派进行深入探讨。

一、语言学的研究方向

（一）语言学的定义

广义的语言学包括语文学，研究语言在某一个特定时段下的状态，叫作共时语言学；研究语言随着时间的推移而产生的发展和演变，叫作历时语言学；发现语言现象背后的一般规律，从而揭示语言发展变化的机制，叫作理论语言学；研究如何将语言运用到实际生活的方方面面，叫作应用语言学；研究语言系统内部的具体问题，如语音系统、语法范畴、语义系统等，叫作微观语言学；研究如何建构人类语言的系统模型，从而解释语言的运行机制，叫作宏观语言学。

（二）辨别语言学中的一些重要概念

语言学中有一些普遍、常见并容易混淆的概念，对这些概念的区分和辨别有助于加深对语言学这门学科的理解。

1. 描写与规定

首先，请思考一下下面的例句。

Don't say x.（不要说 x。）

People don't say x.（人们不说 x。）

第一句是规定性的命令，第二句是描写性的陈述，二者的区别就是第一句是规定事物的状态，第二句是描写事物的实际状态。如果说语言学是一门描写性的科学，那就意味着语言学家努力探索并记录语言社区成员实际遵循的语言规则，而不试图给他们强加其他规则或者正确的规范。现代语言学家之所以如此坚持两者间的区别，是因为传统语法过于强调规定性，如不能使用双重否定、不能使用分裂不定式等。

在 18 世纪，欧洲所有主要语言的研究都是规定性的。当时，语法学家努力制定正确的语言规则，并试图一劳永逸地解决有争议的语言用法。对于有些用法，需要达到背诵的程度，或严格遵守，或避而不用。语言使用只有正确与错误之分。人们现在已经意识到语言在实际中的使用比规定的“标准”重要得多，不能依据逻辑或者拉丁语法来判断英语中某些用法是否正确。当然这并不意味着制定规范不重要，在现代社会，行政和教育对一个国家或地区的主要方言的标准化具有明显的作用。但是语言学作为一门科学，其本质决定了它的主要任务是描写而不是规定。

2. 共时与历时

共时描写把某一固定时间作为它的观察点，这个固定时间一般是现在。绝大多数语法都是共时的，图书馆书架上的任意一本书，都会标明本书是共时语法。因为语言时时刻刻都在发生变化，而语法撰写又是个极其漫长的过程，所以共时性也是虚幻的。然而，这种虚幻的共时对语言学却非常重要。索绪尔的历时语言学研究语言的历时变化。19 世纪时，历时语言学曾是达尔文主义者关注的焦点，语言学家在对印欧语系的历史性研究中建立了坚固的传统，该传统引发并产生了大量有关欧洲大部分知名语言历时性研究的资料。

3. 语言与言语

语言指说话人的语言能力；言语指语言的实际状况或话语语料。虽然言语提供即时可用的资料，但语言学家的研究对象却是每个团体使用的语言，即个人的词汇、语法和音系等知识，个人凭此使用和理解语言。

如果能够理解大脑里贮存的词汇形象，就能够确认决定语言形成的社会规则。社会是一间装着特定团体的所有成员的库房，他们积极地使用语言这个语法系统，这个系统潜存于每个人的大脑中。任何一个人的语言都不完美，完美的语言只存在集体中。在区分语言和言语的同时，也区分了社会的东西和个人的东西以及本质的东西和偶然、次要的东西。

4. 语言能力和语言运用

语言能力指某个语言使用者有关语言规则系统的潜在知识，语言运用指语言在具体语境中的实际运用。语言使用者对语言规则都有直觉上的把握。也许语言使用者不能明确地说出这些规则，但是他们的语言运用显示他们在遵循这些规则。例如，你听到一场激烈的讨论之后，想把它记录下来，你会发现辩论者并不总是遵守语言规则。实际上，即便是成熟的说话人也会说出不合规范和语法的句子。

学龄前儿童也知道一些语言规则，除了一些太细的规则。他们通过语言使用学会了这些规则。儿童的用词方式表明，他们知道什么是名词，虽然他们还不知道名词的定义。一般来说，语言使用者的语言能力和语言运用之间存在差异。语言学家的任务就是从语言运用的语料里找出为语言使用者所掌握的潜在规则系统。

乔姆斯基认为，语言能力和语言运用之分类似于索绪尔的语言和言语的区分。① 潜在的语言能力是一个生成过程系统。不是所有的语言学家都赞同乔姆斯基的观点，即语言学理论主要涉及理想的说话人和听话人，他们有完美的语言知识，并处在完全统一的语言团体里。海姆斯（Hymes）站在社会文化的立场上对语言进行观察，旨在研究个人和社区说话方式的变化。他指出，语言运用的变化是有规律的。② 由此可见，语言能力不只适用于乔姆斯基所说的语法知识，还包括语言运用的语用能力。扩展之后的语言运用也称为交际能力。

（三）语言学与其他学科的关系

语言现象十分复杂，语言学家对语言性质的解释各不相同。随着语言学家对语言学研究的深度和广度不断增加，语言学已经逐渐跳出了语言的框架，而与其他学科表现出一定的渗透和结合。认知科学、信息科学、教育学和社会科学是和语言学联系较为紧密的学科。

1. 语言学和认知科学

语言是一种心理符号，因此它与人的心智开发有密切联系。而认知科学就是研究人脑或心智工作机制的一门新兴学科，所以语言其实是认知科学探索的重要内容。如果不和认知科学相结合，就无法对语言学进行深入研究。因此，在 20 世纪，语言学和认知科学交叉形成了认知语言学，它认为语言必须从心智层面进行解释。由此可见，认知语言学的存在是必然且合理的。

2. 语言学和信息科学

语言是人类的交际工具，它携带着诸多信息。而信息科学是研究信息的获取、传递、加工及应用的一门综合性科学。因此，语言如何传递信息、使用不同语言的人们如何进行互动交流、智能化的机器如何与人类沟通、人类如何传递有效信息等一系列问题无疑带给语言学家和信息科学家大量的思考。机器翻译技术、人工智能技术、语言信息处理技术、网络与多媒体技术等正成为人们研究的问题。随着社会文明程度的提高，语言学与信息科学的结合指日可待。

3. 语言学和教育学

关于语言是如何产生、发展和运行的，语言学界仍存在着不同结论。语言教学工作者

---

① 张倩倩. 浅析乔姆斯基内化语言理论［J］. 休闲，2020（19）：158-159.

② 李东芹. 浅议海姆斯的“交际能力”［J］. 殷都学刊，1993（3）：100-102+81.

一直在思考的问题是：语言教学到底该如何开展？无论是语言的先天主义者还是后天主义者，都不得不承认第一语言和第二语言的学习都是一个循序渐进的过程。因此，作为语言教学工作者，必须了解语言运行的普遍规律，掌握人类发展阶段的规律性，才能有的放矢，选择科学合理的语言教学方法。相应地，也就出现了语言学习理论和教学理论的研究，如外语教学法、二语习得法等。

4. 语言学和社会科学

社会科学是对人类社会中各种现象、问题进行研究的一门科学。语言作为交际工具，具有社会属性。所以，研究语言离不开社会科学的支持。社会科学包含的范围很广，有经济学、法学、伦理学、政治学、历史学、心理学、教育学、管理学、社会学、新闻学等，因此才有社会语言学、心理语言学的存在。社会语言学是从不同的社会角度去研究语言的运行和应用规律的学科，既要运用社会科学的研究方法，又要运用语言学的研究方法。

二、宏观语言学与微观语言学

宏观语言学是研究如何建构人类语言的系统模型，从而解释语言的运行机制。宏观语言学包括人类语言学、社会语言学、心理语言学和计算机语言学等。

（一）人类语言学

人们对语言学的研究要早于对人类学的研究。语言学和人类学在早期调查阶段是相互联系的，因为人类学家需要语言学家的帮助，才能研究没有文字的语言。人类语言学家主要研究的是早期无文字语言的历史及结构，他们较为关注语言的起源及其数千年来的演变。人们只能研究听得到的无文字记载的语言，因此，一旦说话人离世，该语言也就无从考证。人类语言学家必须对当代语言进行比较，然后推断出它们以前曾经有过的种种变化，这种变化可以解释现代语言的异同。

（二）社会语言学

社会语言学是指运用语言学和社会学的研究方法，从社会科学的不同角度探索语言的社会本质的一门学科。社会语言学涵盖面非常广泛，包含语言和社会等方面的许多问题，如语言的社会功能、语言使用者的社会特征等。社会语言学研究各种语言变体的特征及其功能特征和语言使用者特征，因为在一个语言社区中，这三者相互影响并处于动态变化之中。它试图揭示那些在言语社区里解释并约束语言行为以及对待语言行为的社会规则规范。社会语言学试图确定语言变体对其使用者的象征价值。语言变体获得象征价值是语言功能区分的必然结果。

（三）心理语言学

心理语言学是研究语言交际和人类心理活动的学科，它涉及如何运用语言系统以及为了运用该系统需要的知识储备。心理语言学不仅研究语言和大脑的相互关系，如话语的产生和处理以及语言习得等；也研究语法的心理语言学以及心理语言学对语法形式的限制；还研究儿童的语言发展，如语言习得理论、语言的生理基础以及语言和认知的关系。

（四）计算机语言学

计算机语言学是研究如何运用计算机技术来分析、处理人类社会中自然形成的语言的一门学科。计算机语言学属于跨学科领域。语言学有助于理解语料的特殊性质，并提供有关语言结构和使用的描述及理论。计算机科学提供计算机系统设计及应用的理论和技术。目前的应用领域有语言翻译（机器翻译），在大量的文本库中寻找并储存相关资料（语料库和信息提取），以及实现各种形式的计算机多媒体交流。

微观语言学研究的是语言系统内部的具体问题，如语音系统、语法范畴、语义系统等。微观语言学分支包括语音学、音系学、形态学、句法学、语义学和语用学。语音学研究语音，即语音是如何产生、传递和接收的。音系学研究语音和音节的构成、分布和排列规则。形态学涉及词的内在结构，它研究最小的意义单位——语素以及词的形成过程。句法是关于形成和理解正确英语句子的原则。语义学研究的是语言中语义是如何编码的。语用学研究语境中的意义。它尤其注重社会语境对话语理解的影响。也可以说，语用学研究的是语言用来交际的方式，而不是语言构造的方法。

三、现代语言学的主要流派

索绪尔是现代语言学的奠基人。他于 1906—1911 年间在日内瓦大学开设了“普通语言学”课程。他去世后，他的同事、学生根据他留下来的讲稿以及课堂笔记整理出了《普通语言学教程》这部著作。这部著作对后来的语言学研究产生了巨大影响，也奠定了索绪尔“现代语言学之父”的地位。下面就对索绪尔的语言理论展开论述。

（一）现代语言学之父索绪尔

1. 索绪尔语言理论产生的背景

科学的发展需要一个长期积累的过程。任何一个开学术风气之先的理论体系都不是孤立的，索绪尔语言理论的产生也不例外。具体来说，索绪尔语言理论是在语言学、心理学和社会学的基础上发展起来的。

（1）语言学背景

索绪尔语言理论建立在前人和同时代学者的语言学思想和研究方法的基础之上，既有继承的部分，又有发展和独创的部分。

其中，美国语言学家惠特尼（William Dwight Whitney）对索绪尔的语言理论产生了巨大影响。惠特尼的主要著作有《语言和语言研究》（*Language and the Study of Language*）和《语言的生命和成长》（*The Life and the Growth of Language*）。在惠特尼看来，语言是建立在社会常规之上的流行于某一共同体内的一套用法，是一个词和形式的宝库，其中每一个词和形式都是一个任意的、惯例的符号。惠特尼关于语言的符号性、惯例性、任意性、可变性、不变性等看法对索绪尔产生了重要影响。

索绪尔关于语言和言语、共时和历时、组合和聚合关系的思想，在一定程度上受到波兰语言学家博杜恩·德·库尔特内（Baudouin de Courteney）的影响。库尔特内在《语言与语言学综述》中提出了语言的“动态性”和“静态性”的概念。库尔特内的学生、波兰语言学家克鲁舍夫斯基在此基础上提出应从静态与动态两个角度来研究语音变化规律，这对索绪尔的共时和历时的区分产生了一定的影响。此外，克鲁舍夫斯基提出的语言系统中词的两类联想关系的看法，对 30 年后索绪尔提出联想关系和组合关系也产生了一定的影响。

从语言的符号学研究方面来看，法国学者泰因（Hippolyte Taine）对索绪尔的影响很大。泰因在其《论智慧》一书中对符号的作用进行了重点论述，认为人们是通过符号感知和认识世界的。该书对索绪尔的语言符号论产生了极大的影响。

（2）心理学背景

在心理学方面，索绪尔受奥地利心理学家弗洛伊德（Sigmund Freud）的影响较深。弗洛伊德提出了“下意识”即“集体心理”的概念，认为人类由于下意识的作用逐渐形成了一个底层心理系统。人们一般意识不到这个底层心理系统的存在，但它却时常支配和控制着人们的行为。从语言行为的角度看，一个人并不一定能够说明他的语言知识，却能够说话、听懂别人的话。这些实际上都是受语言规则限制的结果，即语言行为的规范取决于语言规则。索绪尔接受了弗洛伊德的观点，认为“下意识”是具有连续性的，一件事情即使过去之后仍然会对这个人产生深远的影响。

此外，格式塔心理学也在一定程度上对索绪尔的语言学思想产生过影响。格式塔心理学，也称为“心理学的认知观”，最初形成于德国，是一种心理学的研究方法。格式塔心理学强调人类感知即意识的整体组织性，反对把人类的感知分析为感觉元素。另外，格式塔心理学假设心理过程是一种有组织的空间或时间的整体结构，不能将整体结构的性质归结为组成该结构的元素特性的总和。索绪尔语言理论中的“系统”观点与格式塔心理学的指导思想是一致的。

（3）社会学背景

在社会学方面，索绪尔受到当时欧洲特别是法国社会学思想的深刻影响。在当时的多种社会学思潮中，以现代社会学的创始人、法国社会学家涂尔干的学说对社会科学研究的影响最大。涂尔干（Émile Durkheim）创立并出版了《社会学年鉴》，几乎所有有名的法国社会学家都成了他的门徒。

涂尔干认为社会学的特定研究对象是社会事实，并提出了研究社会事实的特殊方法，从而使社会学成为一门独立的学科。同时，他确定了社会学的一系列基本概念，并把社会学的理论和方法运用到实践当中，由此，社会学的学科体系初步建立起来。①

涂尔干在确定社会学研究对象方面的贡献主要有以下两点：

①确定了社会事实的性质，并将其作为社会学的研究对象。涂尔干揭示了社会事实的三种性质。

第一，社会事实具有外在性。它存在于个体身外，因此，不同于那些存在于个体身内的生理的和心理的现象。

第二，社会事实对个体具有强制性。它不仅存在于个体身外，而且对个体施加各种形式的影响。

第三，社会事实具有普遍性。它是全社会成员共有的特征，而不是个别人的特征。

他认为，社会学要研究“社会事实”，同时还要区分“个人的”和“社会的”两个方面。

②对从集体意识角度考察社会事实的必要性进行了论述。涂尔干除了提出“集体意

---

① 王风羽. 涂尔干道德思想及其当代意义 [J]. 北极光，2019（9）：94-96.

识”的概念，并对集体意识和个人意识进行了区分之外，还进一步论述了从集体意识角度考察社会事实的必要性。他指出：“要考察社会现象的原因，或者社会现象的产生，不能在那些组成集体的各个分子中去寻找，而必须对这个已经组成的集合体进行研究。”①

索绪尔追随涂尔干的观点，认为语言本身是一种“社会事实”，而且同样区分了语言中“社会的”和“个人的”两个方面，由此提出“语言”和“言语”两个概念。“语言是社会事实”是索绪尔开展语言研究的出发点。②

2. 索绪尔语言理论的基本内容

索绪尔语言理论的基本内容及其方法论贡献突出体现在以下五个方面：

（1）对语言符号性质的认识

对“语言是什么”这样一个语言学的基本问题，索绪尔明确提出：“语言是一种表达观念的符号系统。”③ 在索绪尔看来，语言单位具有双重性质：一方面是概念，另一方面是音响形象。语言符号是概念和音响形象的结合体。表示概念的音响形象是“能指”，被表示的概念是“所指”。“能指”与“所指”都是符号的组成部分。

在此基础上，索绪尔进一步指出，语言符号的本质是它的任意性，即“能指”和“所指”之间不存在天然的或必然的联系。索绪尔把符号的任意性原则列为语言研究的“第一项原则”，认为这一原则“支配着整个语言的语言学”。

总的来说，索绪尔关于符号的性质及符号任意性的原则主要体现为以下三点：

①能指和所指之间没有必然的联系。

②能指和所指都是对连续体进行任意划分的结果，其中能指是对声音连续体的划分，所指是对概念连续体的划分，因此符号具有任意性的特点。

③能指和所指都是由它们跟其他能指和所指的相对关系决定的。

（2）对语言系统的认识

索绪尔不仅提出了“语言是一个在其系统内部一切都相互联系的系统”，而且进一步指出了它们之间存在着怎样的联系。他使用的“实质和形式”“差别”“对立”“价值”等术语使“系统”理论具有很强的独创性。其中，“价值”概念具有极其重要的作用。④ 索绪尔认为，一个价值可以和另一个系统中的价值相交换，且这个价值是由同一系统中其他

---

① 李亚芳. 涂尔干自主精神对学校德育的启示［J］. 兰州教育学院学报，2020，36（5）：45-46，49.

② 陈彦坤. 索绪尔的语言系统观［J］. 黑龙江教育学院学报，2018，37（1）：118-121.

③ 贺颖. 索绪尔语言理论的系统性［J］. 长江丛刊，2018（30）：61.

④ 胡剑波. 试论索绪尔的概念化理论［J］. 湖南科技大学学报（社会科学版），2019，22（4）：127-137.

价值的相互关系决定的。理解“价值”概念是正确把握索绪尔“系统”理论的关键，因为语言是由相互联系的价值构成的价值系统，语言分析的目的就是要找出构成语言现状的价值系统。

（3）明确了语言研究的对象

索绪尔区分了语言和言语，确定了语言学的研究对象。他指出，语言和言语是两个完全不同的概念。语言潜藏在人们的意识里，是抽象的语法规则系统和词汇系统。语言不属于个人特有，而是社会的产物。言语则是发出的语言，如说出的话或写出的文章。不同的人有着不同的思维、交际目的、背景等，因此，运用同一语言的人输出的话语也会不同，即言语是利用语法规则将词汇、短语等语言单位组织起来的结果。因此，言语是语言的具体表现，而语言则是言语的抽象表现。语言学的研究对象是语言而非言语。

（4）明确了语言研究的途径

20 世纪之前的语言学研究方法大多采用历史比较法，即从历史的角度来解释语言现象，这是一种历时性研究。索绪尔则认为，语言的使用是一种历史实体，它处于不断变化之中，因此，要想系统地开展语言研究，就必须抓住共时状态中的关系进行共时性的研究，即对语言做出静态描写。

索绪尔进行了共时性研究与历时性研究的划分，并强调了共时描写的重要性。这改变了语言研究的方向，对语言结构的共时描写起到了重要的推动作用。

（5）组合关系和聚合关系

索绪尔认为，在语言序列中，一个符号的价值由以下两种关系来决定：

①该符号与可以替代它的其他符号的对应关系，这种关系是联想关系（Associative Relations，现常译为聚合关系）。

②该符号与其前后符号之间的关系，这种关系是一种句段关系（Syntagmatic Relations，现常译为组合关系）。

聚合关系是指可以相互替换的各个成分之间的对应关系；组合关系是指各种组合的可能性，是组合序列中各个成分之间的关系。索绪尔认为，人们之所以能够进行有效的交际，就是这两种关系同时起作用的结果。

总的来说，索绪尔对现代语言学的影响可以概括为如下两个方面：

第一，提出了语言学研究的总方向，即研究的任务。

第二，影响了现代语言学研究的具体概念。他提出的很多概念，如语言符号的任意性、语言系统与语言现象的对立、历时性研究与共时性研究、组合关系与聚合关系等，这些概念成为现代语言学研究的重点内容。

值得一提是，索绪尔把语言视为一种观点的符号系统，同时还运用符号学的原理对语言的社会性质进行确定，这对语言学的发展起到了相当大的推动作用。但是，索绪尔在对语言的社会方面和个人方面进行区分的同时，把语言社会属性的一部分“内化”为一种纯一的社会心理体系，使其成为一个规则系统，另一部分“外化”为一种非语言学的“无机的”“混杂的”“异质的”大杂烩，从而被排除在语言研究之外，这不利于语言学的全面发展。①

（二）布拉格学派

受索绪尔语言理论的影响，马泰修斯（Mathesius）和雅各布逊（Jakobson）创立了结构主义语言学派的一个重要代表流派——布拉格学派。该学派的代表人物有特鲁别茨柯依（Trubetzkoy）、卡尔采夫斯基（Sergei Karcevski）、瓦赫（J. Vacheck）、布龙达尔（V. Brendal）、马丁内（Andre Martinet）等。

布拉格学派对语言学最重要的贡献就是将语言作为一种功能体系来进行研究和分析，尤其是将语音学和音位学区别开来的观点和研究成果最为突出。他们认为，语言学研究的是语音的生理和物理属性，而音位学研究的则是语音在音位体系中的功能。

在布拉格学派的众多观点中，以下三点至关重要：

第一，强调语言的系统性。他们认为，以孤立的观点来研究语言系统的成分是无法得到正确的分析和评价的。只有明确该语言成分与同一语言中其他共存成分之间的关系，才能做出正确的评价。换言之，语言成分存在的条件就是它们彼此在功能上的对比或对立。

第二，从某种意义上将语言视为一种功能，是由某一语言社团使用的、用以完成一些功能、任务的工具。

第三，注重对语言的共时性研究。他们认为，对语言进行共时性研究便于从完整、可控的语言材料中选取素材。需要指出的是，他们也并未将共时性研究与历时性研究严格地区别开来。

1. 音位学和音位对立

布拉格学派最突出的贡献就是对其音位学说以及对语音学和音位学加以区分的研究成果。对这一领域贡献最大的是特鲁别茨柯依。他的代表作《音位学原理》是对该领域最完

① 贺颖. 索绪尔语言理论的系统性 [J]. 长江丛刊，2018 (30)：61.

整和最权威的论述。他沿用了索绪尔的理论，提出语音学属于“parole”（言语），而音位学属于“langue”（语言）的观点。以此为基础，他还提出了音位的概念，并以之作为语音系统的抽象单位来与实际发出的声音相区别。音位被认为是区别性功能的综合，当一个语音能够区别意义时就算是音位。①

特鲁别茨柯依对语音特征的分类提出了三条标准：第一，它们与整个对立系统的关系；第二，对立成分之间的关系；第三，区别力的大小。

这些对立可以被分为以下几种：

（1）双边对立。双边对立是指两个音位共有的语音特征只属于这两个音位，而同时出现在其他音位中。例如，/p/和/b/就具有双边特征。

（2）多边对立。由于多边对立的关系并不是局限在某两个音位之中的，因此，其关系较为松散。例如，/a/和/i/由于都是元音，因此具有相似性，而这种相似性在别的元音之间也同样存在。

（3）均衡对立。如果某一特征可以区分若干组音位，这种音位对立即为均衡对立。例如，/p/和/b/的对立特征是清与浊，/t/和/d/、/k/和/g/之间的对立特征同样如此。

（4）孤立对立。孤立对立是指两个音位的对立关系是独特的，是在其他音位中找不到的。例如，英语中的/v/是唇齿摩擦浊辅音，而/i/则是双边辅音。

（5）否定对立。否定对立是指两个音位的对立中，一个音位具有某种特征，而另一个音位不具有该特征。例如，/n/是鼻化音，而/b/是非鼻化音，二者即为否定对立。再如，/p/是送气音，而/b/是不送气音等。

（6）分级对立。分级对立是指两个音位的对立特征相同而程度不同。

（7）等价对立。等价对立是指两个音位可以在逻辑上看成是等价的，既不是否定对立，也不是分级对立。例如，英语中的/t/与/p/、/t/与/k/。

（8）中和对立。中和对立是指两个音位在有些位置上是对立的，而在其他位置上时就不再对立。例如，英语中的/p/和/b/本来存在对立关系，但当/s/出现在/p/之前时，就与/b/的发音一样，失去了对立。

（9）永恒对立。永恒对立是指对立的音位无论出现在何种位置上仍然存在对立关系。例如，在尼日利亚的努皮语中，一般音位结构是一个辅音后面跟一个元音，只有少数例外。/t/与/d/的对立就是一切辅音位置上都不消失的永恒对立。

---

① 冯光荣. 特鲁别茨柯依的音位对立理论［J］. 全国高等学校文科学报文摘，1985（2）：113-122.

综上所述，特鲁别茨柯依对音位理论的贡献主要包括四个方面：

第一，提供了音位的精确定义，同时指出了语音的区别性功能。

第二，通过对语音和音位、文体音位学和音位学的区分，界定了音位学的研究范围。

第三，通过对音位组合关系与聚合关系的区分揭示了音位间相互依赖的关系。

第四，提出了一套研究音位的方法，如确定音位的方法、研究音位组合的方法。

2. 句子功能前景

句子功能前景（简称 FSP）是一套语言学分析的理论，是用信息论的原理来分析话语或篇章。其基本原则就是一句话中各部分的作用取决于它对全句意义的贡献。

捷克的一些语言学家注重从功能的角度来分析句子。他们认为一个句子包含出发点和话语目标。出发点就是发话人和受话人都知道的信息，叫作“主位”。话语目标就是对受话人意义重大的信息，叫作“述位”。从观念的出发点（主位）到话语的目标（述位）的运动揭示了大脑本身的运动。语言虽然有着不同的句法结构，但它们表达思想的次序却是基本相同的。根据这些论点，语言学家提出描述信息如何分布于句子之中的“句子功能前景”这一概念。句子功能前景十分关心已知信息和新信息（将要传递给受话人的信息）在句子中的分布效果。

一个句子可以从三个层面进行分析，即语法句型、语义句型和交际句型。例如，就“John has written a poem.”这个句子而言，其语义句型是“施事—动作—目标”，其语法句型是“主语—谓语—宾语”，其交际句型是“主位—过渡—述位”。由此可以看出，句子和话语是存在差别的。

（三）哥本哈根学派

哥本哈根学派，又称为“丹麦学派”“语符学派”，前身是丹麦青年学者成立的“音位学研究小组”和“语法研究小组”。1931 年，哥本哈根语言学学会的成立标志着哥本哈根学派的创立。这一学派的代表人物有路易斯·叶姆斯列夫（Louis Hjelmslev）和乌尔达尔（Uldall）等。其中，路易斯·叶姆斯列夫被看作是哥本哈根学派的主要创立者和举旗开道的人物。

哥本哈根学派强调，其语言理论主要立足于解决如下两个方面的问题：

第一，语言学的对象问题。以往的语言学以语言物理的、心理的、逻辑的方面，或者社会的和历史的方面作为主要研究对象，与之不同，哥本哈根学派主要以语言单位之间的相互关系为研究对象，也就是研究语言形式。

第二，语言研究的精确化问题。在对语言所做的形式化描写过程中，把语言的可计算性和可度量性作为关注的焦点；在追求语言描写的形式化过程中，把语言学和数理逻辑相结合，由此形成了一种数理语言学。①

概括起来，哥本哈根学派的观点主要包括以下五个方面：

（1）赞同索绪尔的观点，认为语言是一种形式，而非实体。叶姆斯列夫认为，音素与意义是独立于语言而普遍存在的，其本身是没有结构的，特定的语言会用特定的结构将二者结合起来。因此，对语言的描写就是对其结构关系的描写。②

（2）语言学的研究对象是语言成分之间的关系，是语言的内部体系，而非语言的外部体系。因此，哥本哈根学派试图建立一门新型的语言学——语符学。

哥本哈根学派对符号的兴趣不仅体现在语言符号上，还体现在交通信号、电报代码等其他符号上。因为他们认为语言形式与实体没有必然关系，语音实体也可以用其他任何符号体系来代替。他们还认为，自然语言并非其他语言符号的基础，并尝试用形式语言来代替自然语言。尽管这种观点并未取得其他语言学家的一致认可，但却对人工语言的建立起到了促进作用。

（3）认为语言是有层次的。叶姆斯列夫在《语言理论导论》一书中指出，语言的区别有两种：①形式与实体的区别；②内容和表达的区别。将这两种区别进行不同组合就产生了四个层次：表达形式、表达实体、内容形式、内容实体。

其中，表达形式和内容形式属于语言的内部体系，表达实体和内容实体则属于语言的外部体系。语言的任务就在于沟通和联系内容实体和表达实体。

（4）认为语言关系主要有以下三种：

①并列关系，即语言成分之间既不相互规定，也不相互排斥。

②决定关系，即一种语言成分可以决定另一种语言成分，但这种决定关系不能反向。

③相互依赖，即两个语言成分相互依赖、相互规定。

（5）强调语言结构关系研究的数学性质，认为语言学与艺术、文学、历史等人文科学不同，语言学家需要从中找到一个常量，也就是说要确定对所有的语言来说是稳定的、共同的部分。这种常量对语言的本质具有决定性的作用，它使一切实体与其变体基本一致。找到这种常量后，并对其加以描写，就可将它投射到某种现实之上。他们认为理论要受实验数据检验，遵循经验主义原则；传统的归纳、概括的方法不能帮助找到预想中的常数，

---

① 王娇娇. 布拉格学派与哥本哈根学派的对比研究［J］. 校园英语，2017（34）：221.

② 龙启艳. 析叶姆斯列夫的元语言理论［J］. 语文学刊（高等教育版），2009（11）：69-71.

也不能建立语言理论，真正的语言学必须是演绎性的。

哥本哈根学派对20世纪的语言学产生了深远的影响。苏联邵勉的范畴语法、美国悉尼·兰姆的层级语法、法国A. J. 格雷马斯的结构语义学、比利时列日学派的普通修辞学以及韩礼德的系统功能语法等，都不同程度地受到该学派理论的影响。

（四）英国语言学派

1. 马林诺夫斯基的理论

在马林诺夫斯基（Malinowski）的理论中，有关语言功能的理论最为重要。马林诺夫斯基认为，将语言视为将思想从说话人的大脑传递给听话人的大脑的手段的观点是个谬误。① 他曾指出，语言不是与思维相对应的东西，而是一种行为模式。按照他的观点，话语的意义并不取决于构成话语的词语意义，而取决于话语所在的上下文之间的关系。

马林诺夫斯基的上述观点是建立在以下两种判断基础上的：

第一，原始社会由于没有书面文字，因而语言只有一种用途。

第二，一切社会中的儿童都是在无文字的情况下习得语言的。儿童往往是凭借声音而行动，周围的人对某些声音做出某些反应，儿童接收到这些信息之后就会将这些声音的意义与外界的反应（人的活动）联系起来。

马林诺夫斯基认为，话语与环境有着紧密的联系。因为环境对于话语（尤其是口语）的理解是至关重要且必不可少的。只靠语言的内部因素来分辨话语意义是不可能的。

另外，他还区分了如下三种语言环境：

（1）言语仅被用来填补言语空白的环境，如寒暄交谈。这是一种无目的的、自由的社会交谈。这种环境下的语言使用与人类活动的联系程度最低，因此，语言的意义也并不取决于语言使用的环境，而取决于社交氛围以及交际者们的私人交流。例如，客气话的实际意义和功能与其字面含义往往并无关系，而只是一种表示礼貌的寒暄语。

（2）言语与当时的身体活动有直接关系的环境。在这种环境中，一个词的意义并非取决于其所指的自然属性，而是取决于其功能。例如，原始人要想掌握一个词的意义通常无须他人解释这个词，而是自己使用这个词。同样，掌握一个表示行为动作的词语的最好办法就是实施这个动作、参与这个行为。此外，马林诺夫斯基还对其做了进一步的区分：叙述涉及或所指向的环境和叙述本身所处的当时当地的环境。其中，后者由当时在场者各自

---

① 梁起峰. 浅析马林诺夫斯基的文化观［J］. 文化学刊，2017（1）：101-103.

的社会态度、智力水平和感情变化等因素组成。

（3）叙述环境。在这种环境中，语言的意义通常由语言的所指来获得。马林诺夫斯基认为，虽然叙述的意义受语言环境的影响不大，但叙述的内容却可以改变受话人的思想感情、社会态度等。

马林诺夫斯基在其《珊瑚园及其魔力》一书中，不仅进一步发展了他的语义学理论，还提出了如下两种新的观点：

第一，规定了语言学的研究素材，并指出孤立的词是想象出来的语言事实，是高级语言分析程序的产物。而在实际的语言环境中使用的完整话语才是真正的语言事实。

第二，一个语音即使能够用于两种不同的语境，也不能算是一个词，而应算是同音词或两个具有相同发音的词语。他还指出，语音的意义并非存在于语音本身，而是与其使用的环境有着莫大的关系。

马林诺夫斯基的研究成果为弗斯（J. R. Firth）进一步发展语言学提供了相当有益的背景。

2. 弗斯的理论

弗斯在吸收索绪尔和马林诺夫斯基某些观点的基础上发展了他们的理论，同时还提出了自己的见解。受马林诺夫斯基的影响，弗斯将语言视为人类社会生活的一种方式，而并非一套简单的符号。弗斯还认为，人们为了生存会不断地学习，而语言学习就是人们做事情、使他人做事情以及实施行为、参与社会生活的一种手段。①

弗斯认为语言既不是完全天生的，也不是完全后天获得的，而是同时兼具先天和后天两种成分。因此，他认为语言学应该以实际使用中的语言为研究对象，以分析语言中有意义的成分，从而将语言因素与非语言因素对应起来为研究目的。他同时还提出了研究语言的方法：首先要确定语言活动的组成部分，说明它们在各层次上的关系以及它们之间的关系；然后指出这些成分与处在其中的人类活动的内在联系。由此可以看出，弗斯试图将语言研究与社会研究结合起来。语言作为人类交流的工具以及文化的一个重要组成部分，对它的研究必定有助于揭示人的社会本质。

另外，弗斯对意义也有一定的研究。他将意义定义为不同层次上的成分和该层次上此成分的情境之间的关系，并指出任何句子的意义都包含如下五个部分：第一，音素与其语音环境的关系；第二，词项和句中其他词项的关系；第三，每个词的形态关系；第四，该

---

① 马倩. 弗斯的语言学遗产——“语境理论”及其影响评述［J］. 现代语文，2018（7）：187-191.

句子所代表的句子类型；第五，句子与上文的关系。

和马林诺夫斯基一样，弗斯也将语言环境当作研究的重点。他认为，语言环境不仅涉及语言出现的环境中人们的活动，还涉及个人历史以及整个言语的文化背景。弗斯发现，句子的变化是无穷无尽的，因而提出了“典型语言环境”的概念。对此，弗斯解释道，社会环境决定了人们在社会中所要扮演的角色，这些角色是有限的，因此，典型的语言环境也是有限的。人们实际的交往活动基本上可以被归类为多个不同的典型的语言环境。① 这表现在当有人对你说话时，你基本上处于一种规定好了的环境，对于什么样的话语大概会有什么样的回答，而不是随心所欲地回答。

对于典型的语言环境，弗斯还采用了社会学的方法对其进行了以下四个层次的研究：

（1）语音层次。这一层次的研究是通过对语音位置以及语音与可以在同一位置上出现的其他语音的对立进行分析来发现语音的功能。

（2）词汇和语义层次。这一层次的研究不仅要分析词的所指意义，还要分析词的搭配意义。因为词语的意义经常受到搭配对象的影响。例如，“night”其中的一个意思就是和“dark”搭配后产生的，而“dark”其中的一个意思也是和“night”搭配构成的。

（3）语法层次。语法层次的研究又包括形态学层次和句法层次。形态学层次的研究关注的是词形的变化，而句法层次的研究关注的是语法范畴的组合关系。这种关系是靠语言的组成成分实现的。

（4）语言环境层次。这一层次的研究主要集中在非语言性的事物、行为以及语言行为的效果上。弗斯指出，这一层次的研究不区别词汇和思想，目的在于使我们明白在某种环境下为何使用某种话语。这样看来，“运用”和“意义”之间就是对等关系。弗斯还指出，较小的语言环境存在于一个更大的语言环境之中，那么所有的语言环境也就存在于整个文化环境之中。但弗斯同时也明白一点，要限定环境所有的组成因素是十分困难的。

此外，弗斯还对语境进行了更加具体而详细的分析。他认为，对语言环境的理解还可以从两个角度来进行：篇章角度和语言环境角度。篇章角度涉及篇章的内部关系，包括结构成分之间的组合关系、系统中单位的聚合关系及其价值；语言环境角度涉及语言环境的内部关系，不仅包括非语言成分与篇章成分之间的关系及其总效果，还包括篇章中的“小片段”和“大片段”（如词、短语等）与环境的组成成分（如物体、人物、事件等）之间的分析性关系。

---

① 王宗炎．伦敦学派奠基人弗斯的语言理论［J］．国外语言学，1980（5）：1-8.

弗斯于 1948 年在伦敦语言学会上提出的韵律分析法（又称“韵律音位学”）是他对语言学的第二大贡献。人类的话语是一个连续的语流，至少包括一个音节，无法被切分成若干独立的单位。仅靠语音描写或音位描写是无法分析语流中语言各个层次的功能的。这是因为音位描写只探讨了聚合关系，并未涉及组合关系。而弗斯认为，在实际的话语中构成聚合关系的并非音位，而是准音位单位。准音位单位的特征比音位少，原因是有些特征是音节、短语或句子中的音位共有的。这些共有特征归到组合关系中后，被统称为“韵律成分”。

尽管弗斯并未对韵律成分下定义，但他在论证中指出了韵律成分包括这几个方面：重读、音长、鼻化、硬腭化和送气等。而它们并不单独存在于某一个准韵律单位中。

弗斯在强调“多系统”分析的同时也十分重视组合关系和对结构的分析。他认为，分析话语的基本单位不是词语，而是特定环境下的语篇。分析时要把语篇拆成各种层次以便研究。由于每个层次都是从语篇中拆分出来的，因此，无论先研究哪一个层次都没有关系，但都需要对语篇的韵律成分进行分析。

无论是韵律分析还是音位分析，都要考虑到基本相同的语音事实。但是，韵律分析在材料归类和揭示材料的相互关系上有着更加明显的优势。这是因为它能从各个层次上发现更多的单位，并能够说明不同层次上的单位之间的联系。

3. 韩礼德的理论

韩礼德（Halliday）继承并发展了弗斯的理论。在弗斯“系统”概念的基础上，他对“系统”的意义进行了重新规定，并创造了一套完整的范畴。韩礼德于 1961 年正式提出阶和范畴语法理论框架，后来将这个理论模式发展成系统语法，并于 1968 年在系统语法中增加了功能部分，后人将他的语言理论称为“系统功能语法”。①

系统功能语法包括系统语法和功能语法两个组成部分。

（1）系统语法的目标是要说明语言作为系统的内部底层关系，是与意义相关联的可供人们不断选择的若干子系统组成的系统网络。

（2）功能语法的目标是要说明语言是社会交往的手段，其基础是语言系统及其组成成分又不可避免地由它们所提供的作用和功能所决定。

系统功能语法理论把语言看作是“做事”的一种方式，而不是“知识”方式。它用一系列相互关联的范畴来解释语言材料，并用一套抽象的阶来说明范畴与材料的关系；区

① 周海明. 论韩礼德的语言进化观［J］. 外语教学，2019，40（3）：49-55.

分“语言行为潜势”和“实际语言行为”；重视语言在社会学上的特征；着力对个别语言及个别变体的描写；运用连续体概念来解释许多语言事实；强调依靠对语篇的观察和数据统计来验证自己的假设。

系统功能语法理论认为，人际关系或社会结构对人类认识世界的方式具有决定性作用。在语言与现实的关系问题方面，韩礼德认为语言是文化的一个重要组成部分，而不是乔姆斯基所假定的那种相对独立的模块系统。他还认为，语言之间的差异以及差异所反映的文化差异对语言学家来说尤为重要，而语言之间的共性并不重要。

韩礼德的语言理论成为20世纪后半叶最有影响的语言学理论之一，同时还影响到包括语言教学、社会语言学、话语分析等众多与语言相关的其他领域。

（五）美国语言学派

美国语言学派，或称为“美国结构语言学”“美国描写语言学”，是20世纪初产生的一个较有影响力的结构主义流派。其代表人物包括博厄斯（F. Boas）、萨丕尔（Edward Sapir）、沃尔夫（Whorf）、布龙菲尔德（Bloom field）等。下面我们就来介绍该学派的代表人物及其主要理论。

1. 博厄斯和萨丕尔的理论

（1）博厄斯的理论

20世纪初，美国的印第安人部落及其文化逐渐开始消亡。对此，美国的人类学家希望趁印第安文化未消失之前将其载入史册。要想完成这个任务就必须理解和记录这些文化，这就要求人类学家首先必须懂得印第安人各部落的语言。而事实上，所有的印第安人的语言都没有文字，人类学家必须为这些语言创造文字符号。这些语言由于没有文字系统，因此很难进行历时性的研究，而只能采取共时性的研究方法。美国描写语言学的先锋博厄斯首先提出：语言应该从语音、单词和句法三个层次进行解构分析。

博厄斯曾对墨西哥以北的众多美洲印第安土著语发起了调查，调查的结果就是他的《美洲印第安语言手册》（1911）一书的出版。博厄斯不仅为全书写了重要的引言，还亲自撰写了其中的某些章节，总结了描写处理语言的研究方法。另外，他还训练了一批人去调查其他语言。他对人类语言的研究成为后来美国语言学发展的一个重要源泉，很多美国语言学家都或多或少地受到了他的影响。

博厄斯虽然没有受过任何专业的语言学训练，欠缺一定的专业技能，但这反而对他的研究工作十分有利。在欧洲语言学家强调语言具有普遍性的时候，博厄斯却认为世界上并不存在最好的语言形式，每种语言之间都是千差万别的。虽然部分原始部落的语言形式看起来十分原始、落后，但没有实际的证据证明这一点。而且在原始部落的人的眼中，印欧语同样是原始的。

博厄斯反对将语言视为种族的灵魂。他还表明，种族的进化、文化的发展都和语言形式之间没有必然的联系。由于种种历史因素，原本同一种族的人可能会使用不同的语言，不同种族的人也可能使用同一种语言，而同一语系的语言使用者还可能拥有完全不同的文化。因此，语言只有结构上的差别，而没有“发达”与“原始”之分。

在《美洲印第安语言手册》一书的前言中，博厄斯论述了描写语言学的框架。他指出描写包括三个方面：语音、语义范畴以及表达语义的语法组合过程。此时的博厄斯早已注意到，每种语言都有自己的一套语音和语法系统。他认为，对于要研究的语言，概括其特殊的语法结构、分析其特殊的语法范畴是语言学家的一个重要任务。他在对美洲印第安语的语言数据继续研究时采用的是分析性的方法，而并未和英语或拉丁语等语言相比较。

综合上述内容可以看出，博厄斯对语言的研究是以人类学为起点进行的，将语言视为人类学的一部分，因此并未将语言学独立出来成为一个专门的学科。尽管如此，他关于语言的很多观点以及考察和描写语言的方法，不仅为美国描写语言学打下了基础，还影响了美国很多著名的语言学家。

（2）萨丕尔的理论

萨丕尔是博厄斯的学生，同样是一位杰出的人类语言学家。受博厄斯的影响，萨丕尔也曾按照博厄斯的方法来调查美国的印第安语。这个调查对于萨丕尔而言，不仅是一个宝贵的经历，也是一种将印欧语语法范畴施加于其他语言的做法。

萨丕尔在其唯一的专著《语言论：言语研究导论》中，从人类学的角度出发描写了语言的特点及其发展，类型学是其主要焦点，旨在为语言学提供一个适当的研究视角，而不是堆积语言事实。① 此书很少涉及语言的心理基础，对于一些特殊的语言也只是给出充分的现实描写或历史事实以说明其原则。其最主要的目的就是要说明语言目的是交际；语言是如何随着时间、地点的变化而变化的；语言和人类所关心的其他问题（如思维、种族、文化、艺术、历史过程的本质等）之间的关系。他对语言的定义是语言是纯粹人为的、非本能的、自觉制造出来的符号系统，用以表达人类的观念、情绪和欲望的一种方法。

他还拿语言和走路作比，指出行走是人类遗传的、生理的、本能的功能，是一种普遍

① 艾瑞. 萨丕尔的“语言—文化观”再认识［J］. 文化创新比较研究，2021，5（34）：155-158.

的人类活动，不同的人走路虽然存在差别，但这种差别却是有限的、不自主的和无目的的。在探索语言与意义的关系时，萨丕尔认为，这两者的结合是可能但并非必然存在的关系。而对于语言和思维之间的关系，萨丕尔则认为，二者虽然联系紧密，实际上却并不相同。语言是工具，思维是终极产物；没有语言，思维是不可能实现的。

另外，萨丕尔也注意到语言具有普遍性。无论一个种族或部落多么野蛮或者落后，都会有属于自己的语言。尽管这些语言在形式上存在差别，但它们的基本框架——明晰的语音系统、音义的具体结合、表达各种关系的形式手段等都是十分完善的。语言是人类最古老的遗产，任何其他的文化事物都不可能早于语言。因此，可以说，没有语言也就没有文化。

萨丕尔关于语言的理论及思想后经其学生沃尔夫发展形成了著名的“萨丕尔-沃尔夫假说”（the Sapir-Whorf Hypothesis）。该假说的基本观点如下：

（1）语言形式决定语言使用者对宇宙的看法。

（2）语言怎样描写世界，使用语言的人就怎样观察世界。

（3）世界上的语言不同，各民族看待世界的方式也不同。

这一假说具有重要的启发意义：它深化了人们对于语言、思维、文化差异的认识，启发人们重视观察那些熟视无睹的现象，更多地认识差异，更深刻地探索差异产生的原因，以及语言与思维、文化之间的关系，而这些问题，正是人类语言学所关注的核心问题。

2. 布龙菲尔德的理论

布龙菲尔德是美国描写语言学派的代表人物之一，也是美国语言学历史上的一位标志性人物，以至于1933—1950年的这一时期被称为“布龙菲尔德时期”。就在这个时期，美国描写语言学正式形成并逐渐发展了起来。

布龙菲尔德的《语言论》一书被誉为20世纪“大西洋两岸出现的最伟大的语言学著作”。布龙菲尔德认为，语言学是心理学中带有实证论特征的行为主义的一个分支。行为主义是一种科学的研究方法，其理论基础是认为人类无法认识他们没有经历过的事物。行为主义语言观认为，儿童的语言学习是一个连续的“刺激—反应—强化”过程。而成年人的语言使用也是一个“刺激—反应”的过程。当行为主义方法论进入语言学研究以后，语言学研究中就普遍开始接受和理解一个本族语者用其语言输出的语言事实，而不考虑他对自己语言的评价。因为说话人没有准备的、自然而然陈述的话语才更具有真实性，因而对这些语言的观察而做出的语言描写才更加可靠；反之，若问说话人“你是否能用你的语言说……”之类的问题，那么分析者所做出的语言描写则很可能是不可靠的。

对于“刺激—反应”理论，布龙菲尔德用了一个有趣的例子来加以说明：假如一个男孩和他女朋友散步，女孩肚子饿了，然后看到树上有苹果，于是发出一些声音。男孩于是爬上树摘了苹果给女孩吃。

这个简单的例子中包含一系列的行为，这些行为可以被分为两类：语言行为和实际事件。根据这个标准，整个故事可以分为以下三个部分：

（1）言语行为之前的实际事件。

（2）言语行为。

（3）言语行为之后的实际事件。

其中，（1）包括三个实际事件：女孩肚子饿了、树上有苹果、她和男孩的关系。这些都构成了对说话人的刺激。（3）包括两个实际事件：男孩爬树摘苹果给女孩、女孩吃苹果。显然，女孩的言语行为产生了一个结果，即她本人不必亲自爬树就得到了苹果。

据此，布龙菲尔德得出了第一条原则：一个人受到某种刺激时（如女孩受到饥饿的刺激），可以用语言让另一个人做出相应的反应。而在社会中，不同的人能力也不同，但只要有一个人具有某种能力，其他人就有可能受益于这种能力。据此，布龙菲尔德得出了第二条原则：劳动分工以及以劳动分工为基础的一切人类活动都需要借助语言来实现。故事中女孩发出的声音就是她对饥饿的反应——产生语言。这些声音传到男孩的耳朵里以后刺激神经，使男孩听到了女孩的话，从而对男孩产生了刺激。由此可以看出，人们可以对两种刺激做出反应：实际刺激和语言刺激。据此，布龙菲尔德得出了第三条原则：说话人和听话人在身体上存在距离（两个不相连的神经系统），但声波起到了桥梁的作用。

布龙菲尔德的研究还涉及语言学在语言教学上的应用。在此研究中，他批评了传统语法。他指出，18、19 世纪的语法学家大多在制定“英语该如何”的规则。但实际上，这样的规则是十分狭隘的。因为语言在实际的使用过程中总会产生一些变化，也会在传播的过程中产生一些变体。这些变化和变体同样都是真正的英语。而传统的语法学家试图用哲学概念来约束和规定语言范畴，是教条主义的做法。因此，布龙菲尔德认为，语言教学不应一上来就关注文字形式，而应先教语音。对于美国的外语教学，他认为，要想学好一门外语，就必须不间断地练习，并在真实情境中反复地使用外语，而不是将注意力过多地放在语法理论的传授上。而传统的关注语法传授的教学方法不仅无法帮助学生提高外语学习效率，还可能给学生造成疑惑，同时也不符合经济原则。

对于布龙菲尔德的《语言论》一书，很多语言学家都给予了高度的评价，并将其视为美国解构主义语言学流派的开端。

第二章 词汇学与句法学

第一节 英语词汇学

所谓词汇学，就是一门研究词汇的学科。词汇是语言的基本要素，人类思维离不开概念，而概念的语言形式主要表现为词汇。由此可见，词汇学对于语言的发展具有重要的作用。

一、词汇学的基础理论

（一）词汇学的定义

词汇学是一门有关词的科学。词汇的积累在英语学习过程中占据重要地位，因此一直是很多专家学者的重点研究对象。词汇学是有关词汇的学问，即有关词汇的系统知识。

说得再深入一点，“词汇学”是研究词汇背后的规律性和系统性，以及词汇的结构关系和类别的学科。它运用语言学的相关理论，探讨词的意义及语义关系，阐述词汇的发展变化过程，能够了解现代词汇的系统知识、词汇的现状及其历史演变过程，能够对现代词汇发展中出现的各种现象做出分析和解释，从而提高对词语的理解、阐释和综合运用的能力。学好英语词汇学，不仅可以了解现代词汇的普遍规律、分析研究现代英语词汇现象和英语词汇的演变和发展，还有助于掌握英语词汇学习的方法、途径、手段和策略。

词汇的研究范围如今变得十分广泛，有的领域已经形成相对独立的学科，例如相互结合形成交叉学科，包括形态学（morphology）、语义学（semantics）、词汇语义学（lexical semantics）、认知语义学（cognitive semantics）、词源学（etymology）、词典学（lexicography）、认知词典学（cognitive lexicography）等。这些相互独立的学科和交叉学科正在把词汇学的研究推向一个新的发展高度，对词汇还可以进行历时和共时的比较研究。

就历时比较而言，各历时时期词汇的比较是其重要的组成部分；就共时比较而言，词汇国别变体的比较正越来越引起人们的注意。这些比较研究对提高外语研究水平和教学水平都起着很重要的作用。语料库语言学的发展是现代词汇学研究的有力支撑，语料选择、数据统计、定量分析等学科方法为研究词汇提供了新的观察视角和操作手段。

语料库已经逐渐成为词汇研究和教学的一种新途径，它既可以提供快速的检索工具，又可以有效提高我们语言样本的质量。语料库语言学的学习，既可以强化外语学习者的词汇系统知识，使他们全面了解外语词汇的过去和现状，又有助于他们提高理解和分析语言问题的理论水平，使他们在拥有更多真实语言输入的基础上加强综合运用外语的实际能力。

（二）词汇的特征

词汇的特征有很多，下面我们就其中的几个进行简要的分析。

1. 普遍性与民族性

词汇对现实现象的反映，既有普遍性，又有民族性。所谓普遍性，就是说，客观世界中存在的某种形象会被人们赋予某一个概念，并且所有人都会用这个概念来记录它、反映它。对词汇来说，当所有的语言都用某一个概念来称呼它的时候，就证明了它的普遍性。例如，月亮、太阳等是自然界客观存在的事物，无论是英语，还是法语、意大利语等，都会有相应的词语表达这些概念或现象，这就是它们的普遍性。而所谓民族性，就是与普遍性相对的，每个民族都有自己独特的个性特征，不同民族对同一客观现实存在着不同的认识，表现在语言中，就是词汇的民族性。

2. 任意性与理据性

所谓任意性，就是指各种语言符号的音义之间没有必然的联系，对于同一种事物，不同的语言可能有不同的音义表达。但是在同一种语言中，用什么样的声音代表什么意义是一致的，是由说这种语言的全体成员约定俗成的。例如，汉语把“装订成册的著作”叫作“书”，而英语叫作“book”［buk］，这是任意的，不存在什么理据性的。但是这只是代表大部分的词语，语言中也有一小部分词语，它们之间的关系却是具有理据性的，是可以论证的。常见的例如一些拟声词、同源词和复合词就是这样的，下面我们通过举例来一一论证。

（1）拟声词指模拟客观对象的声音特征而产生的词，有两种：第一种是模拟外界声音用来描绘声音形象的词。例如汉语里的“叮咚”“喵喵”，英语里的“quack”（鸭叫声）、

“clink”（金属敲击的声音）、“bow-wow”（狗叫声），这些是狭义的拟声词；第二种是源于拟声用于指称的词，如汉语“知了”、英语“cuckoo”（布谷鸟）。这两种词的音和意义之间存在着自然的联系，是可以论证的。

（2）所谓同源词，就是指在读音、意义和来源等方面有相近或相同的地方。汉语文化博大精深，很多复杂的字都是由一些基本的字加上偏旁部首组成的，不同的偏旁部首往往使字词产生不同的含义，但是因为含有同样的基本字，它们之间往往具有很多的联系。例如，汉语的“张”本义是“把弓弦安在箭上”，后来通过延伸发展，又产生了很多与其相关的字，如“涨”“胀”等。“涨”的含义是水位上升，常见词语有“水涨船高”等；“胀”本义指体积增大，常见词语有“热胀冷缩”等。这些字都是由“张”延伸出来的，其含义也与“张”的派生义——“施放、拉开、展开、使增大”等有着某种语义上的联系，这些都是可以论证的。

（3）复合词的构成词素一般是两个或两个以上，经过相互组合，构成相应的词语，并不是任意两个词素放到一起都可以构成意义明确的词语的，所以这样的复合词是有一定的理据可循的。例如，汉语的“雨衣”就是“下雨时穿的衣服”的意思，这是可以论证的。其他语言中这种例子也很多，例如英语的“sunflower”（向日葵）就是“朝着太阳开的花”的意思，也是可以论证的。由此可见，词汇的音义关系既有任意性又有理据性。

（三）词汇学的分类

1. 根据研究对象划分

根据研究对象的不同，词汇学可分为普通词汇学和个别词汇学，也可以称作一般词汇学和具体词汇学，两者之间是相互依存、彼此促进的关系。之所以这样说，是因为普通词汇学的形成和发展是建立在个别词汇学的基础上的；而普通词汇学建立之后，又不断指导个别词汇学，使之得到充实和发展。普通词汇学的主要研究内容是世界上所有语言词汇之间的共同规律，因此，它是关于词和词汇的一门研究学科，是普通语言学的重要组成部分。个别词汇学相对于普通词汇学来说，它的研究范围相对集中，主要是某一种具体语言的词和词汇，如专门研究汉语词汇或英语词汇等。

2. 根据研究范围划分

根据词汇研究范围大小的不同，可以将词汇学分为广义词汇学和狭义词汇学。

广义词汇学包括语义学的内容，还包括词源学和词典学等。狭义词汇学主要研究词和词汇的构成、分类和发展规律等。

3. 根据研究方法划分

根据研究方法的不同，词汇学可分为共时词汇学和历时词汇学，也称作静态词汇学和历史词汇学。所谓共时词汇学，指的是对某个时期的词汇体系进行静态和描写式研究的一种形式，它强调的是某一个发展阶段。而历时词汇学则与之不同，它的研究是动态的，研究内容主要是词汇的起源和发展的历史过程。共时词汇学和历时词汇学代表的是截然不同的两种研究形式，但是它们之间却相互影响，紧密联系。词汇的静态描写，有助于历时词汇学的研究，而精通词汇的历史发展，有利于对词汇现状的深刻理解。

（四）词汇学的研究意义

从小到大的影响程度来看，词汇学研究的意义可以从以下三个角度来论述：

1. 对语言学科的影响

本体研究方面，词汇研究有助于准确掌握词语的含义、结构和用法，有利于语法、修辞等相关语言学科的发展。语法包括词法和句法，词法分析与词义研究密不可分，现代语法也非常注重句法结构形式分析和语义研究的结合。修辞的一个重要目的是使语言表达更准确、生动，以达到预期的表达效果。

修辞的运用在很多方面与词汇相关。例如修辞里“对偶”辞格，要求结构相同或基本相同、字数相等、意义上密切联系的两个词组或句子对称排列，这与词语的词性、词义内容有关。又如“谐音双关”，实际就是同音词的运用。

在语言的应用研究领域，如语言规范、语言教学、语言翻译，词汇都是其中重要的部分。尤其在第二语言教学中，相信很多人都对其深有体会。就拿中国学生学英语来说，我们都知道，掌握一定量的词汇是学好英语的第一步。其实，无论学习哪种语言，大量词汇的掌握是最基础的。对于外语初学者来说，日常交际中掌握一定的词汇量比准确掌握语法更重要。

2. 对文学创作与鉴赏的影响

文学研究其实就是对现实生活的一种反映，语言是重要的媒介，也是文学艺术创作必不可少的条件。因此，作家只有熟练地驾驭语言，才能将其想要表达的思想和题材完美地展现出来，才能让读者产生共鸣，从而更加欣赏和喜欢文学作品。而在语言表达中，词汇是最基本也是最不可缺少的材料，从作品中使用的词汇我们就能够看出该作家的语言风格及其想要表达的内容。

3. 对社会文化历史研究的影响

语言是一种符号系统，它是文化的一个重要组成部分，在文化发展中发挥着不容忽视的作用。文化是社会发展变化的积累，而语言又可以直接反映社会的变化，尤其是语言中的词汇能最优先地反映社会的变化历史轨迹，是人们研究历史的重要依据。另外，对同义词的研究，也可以反映出人们观念上的差异和转变。

二、词的结构

每一种语言都拥有丰富的词汇，这些词汇不是孤零零地存在的，而是彼此之间有着各种联系。从某种意义上说，语言中的词汇就像世界上的人，每个人虽然都是一个独立的个体，但是身处社会之中，就不免会与社会群体中的其他人群存在着各种联系。比如，每个人都有亲属、朋友、同事、同学等，每个人生活的圈子也不一样，在不同的圈子中，扮演着不同的角色，承担着不同的责任。词汇也一样，一个词可能属于名词，在某个句子中充当主语；从结构上来分析，这个词可能由另外一个词添加一个后缀构成；等等。语言学中的两个重要术语，分别是词素（morpheme）和词法学（morphology）。词素是语言中最小的有意义的单位，词法学是研究词的内部结构和构词法的学问。用 Fromkin & Rodman 的话说，A morpheme is the minimal linguistic sign "in which there is an arbitrary union of a sound and a meaning and that cannot be further analyzed"。比如，"move""write""sing""dance"等都是英语中的词素，"re-""-er""un-""-ly"等前缀和后缀也是词素。词素的特点是不能单独出现在句子中来承载意义，但词素本身是携带意义的，是音和义的统一体，而且不能再被细分。这样一来，"writer"这个词就是由两个词素构成的，即"write+er"，而"unmovingly"这个词则由四个词素构成，即"un+move+ing+ly"。

例如：

move	unmoved	remove
movable	unmoving	removed
moveless	unmovingly	removable
mover	movement	moving

接下来，我们就重点讲述"词素"这一概念。其实，在日常交际过程中，普通语言使用者在潜意识里都能感受到词素的存在，有时甚至会运用潜藏的关于词素和构词法的知识来随意构成新词，以制造特殊的交际效果。这就说明，词素其实并不是语言学家为了方便语言的研究和描述而杜撰出来的一个概念，它真实地存在于语言的学习中。词素根据它的

使用特性又可以分为两种，分别是自由词素和黏附词素，接下来我们分别对其进行探讨。

（一）自由词素

所谓自由词素，指的是能够单独构成单词的词素，如“girl”“boy”“cock”“dog”等。这些词被称为单语素词语。所以，所有的单语素词语都是自由词素。

（二）黏附词素

所谓黏附词素，指的是不能单独构成单词，必须黏附于自由词素才能起作用的词汇。黏附词素根据不同的标准可以划分为不同的种类。

1. 根据位置划分

根据位置划分，黏附词素可以分为前缀和后缀。所谓前缀，就是位于其他词素前面的词，如“anti-”“re-”“un-”“pre-”“dis-”等。所谓后缀，与前缀相反，是位于其他词素后面的词，如“-tion”“-ism”“-er”“-ish”“-able”“-ness”“-ly”等。

英语中主要就是前缀和后缀两种，但是在其他语言中，还有第三种黏附词素存在，也就是中缀。所谓中缀，就是嵌入其他词素中间的词素。例如，菲律宾的“Bontoc”就是其中一种语言。在这种语言中，将中缀“-um-”嵌入名词或形容词的第一个辅音之后就可以派生出一个动词，意思是“to be the noun/adjective”。

2. 根据功能划分

根据功能划分，黏附词素可以分为屈折词素和派生词素。

（1）屈折词素

屈折词素的添加并不产生新词，只是表达词根的某种特别的语法功能。比如，英语的屈折词素“-s”添加在名词后就构成该名词的复数形式，而添加在动词后就构成该动词第三人称单数情况下的一般现在时形式；另一个屈折词素“-ed”添加在动词后就构成该动词的一般过去时形式；而“-ct”和“-est”添加在单音节和部分双音节形容词后就构成该形容词的比较级和最高级；等等。

（2）派生词素

将派生词素添加于其他的词素或单词之中，可以构成新的词。这个派生出来的新词与原来的旧词有可能分属不同的词性，如将后缀“-ity”添加于形容词后，得到的是名词（如 curious→curiosity、scarce→scarcity）；而将后缀“-ize”添加于形容词后，得到的是动词（如 social→socialize、real→realize）。

英语中有些派生词素非常活跃，可以附着于大量单词的前/后构成新词。不过，有些派生词素不会使派生词词性改变。很多前缀都属于这一类，也有一些后缀属于此类，在派生出新词时保留了词根的词性。英语中有些派生词素非常活跃，可以附着于大量单词的前/后构成新词。这种类型的派生词素包含多种类型。

针对上述屈折词素和派生词素，有以下两点需要强调：

第一，在讨论派生词素时，我们已经指出，有些派生词素会改变词根的词性，而有些派生词素则保留词根的词性，屈折词素则全部保留词根的词性。比如，“quick”和“quicker”都是形容词，“quicker”里面的“-er”只不过起了标示比较级的作用；但是“sing”和“singer”就不一样了，前者是动词，后者是名词，因此“singer”里面的“-er”和“quicker”里面的“-er”有着本质上的不同，一个是派生词素，一个是屈折词素。

第二，在英语中，如果要给一个词根同时添加派生词素和屈折词素，那么派生词素总是出现在屈折词素之前，比如在“singers”这个词中，派生词素“-er”出现在屈折词素“-s”之前，而不是相反。

三、英语构词法

（一）复合词

复合词就是将两个词放在一起构成的新词。在英语、德语中都存在大量的复合词，法语和西班牙语则相对少得多。这里我们探讨的主要是英语中的复合词。比如，英语中的“bookshelf”“footprint”“sunlight”“coursebook”“dustbin”“water-proof”等都是复合词。我们发现，有些复合词的意思显而易见，如“bitter-sweet”的意思是又苦又甜，“sleep-walk”的意思是梦游；有些复合词的意思则不那么明显，如“daredevil”指胆大妄为的人，“sawbones”乍一看是指锯骨头，实际指的是外科医生；还有一些复合词的意思跟它们的构成成分几乎没有什么关系。

（二）合成词

合成词也是将两个独立的单词合并在一起构成一个新词。与复合词不同的是，合成词通常会将一个单词“去尾”，再将另一个单词“掐头”。

（三）缩略词

缩略词是指由一个词组中各主要词的第一个或头几个字母缩合而成的新词。英语中有些缩略词一直保持其“缩略性”，在念的时候要把每一个字母都念出来，如 PPT（powerpoint）、CD（compact disk）、DVD（digital video disk）等。还有一些缩略词表现得更像普通单词，可以整体拼读出来，如 SARS（Severe Acute Respiratory Syndrome）和 AIDS（Acquired Immune Deficiency Syndrome）。

（四）省略词

从一个多音节词中删去几个音节，由此构成的词被称为省略词（clip）。比如，“gas”为“gasoline”的省略，“ad”为“advertisement”的省略。省略词在口语中用得比较多。

（五）外来词

所谓外来词，就是从其他语言中借用一些词语来填补本族语汇中的空白或表达新生的概念。外来词在英语中所占比例很大，英语曾从拉丁语、希腊语、法语等借入大量词语。当然，英语也在不断向其他语言出借词语。

有些外来词在出借过程中被数度易手，多次转借，以至于现在很难确知它们最早究竟是哪种语言。比如，“tea”最早进入英语大约是在 17 世纪中期，可能源自荷兰语的“tee”和马来语的“teh”，而后者又可被追溯到汉语的闽方言；“silk”一词在古英语中写作“seoloc”，来自斯拉夫语或者拉丁语，而斯拉夫语或者拉丁语的这一词汇又来自古希腊语的“sēerikos”（意思为“silken”）。

英语除了从其他语言中拿来现成词语为己所用之外，也经常会向其他语言慷慨出借词语。例如，汉语中的“幽默”“模特”和“浪漫”，实际上分别来自英语的“humour”“model”和“romance”。当日本人去“suupaamaaketto”购物或者听着“rajio”的时候，当匈牙利人高谈阔论“sport”“klub”和“fubal”的时候，当法国人品一杯“le whisky”悠闲度假的时候，他们也许不太会在意这些词语的来源，但是这些都是带着深深的英语烙印的表达。

外来词中有一部分不是借用外语词的发音，而是对外语词进行字面直译，这样的外来词被称为直译词。比如，英语的“skyscraper”在法语中被直译为“gratte-ciel”（scrape-sky），在德语中被直译为“wolkenkratzer”（cloud scraper），在汉语中被直译为“摩天大楼”。甚至汉语的“男朋友”和“女朋友”也很可能是对英语的“boyfriend”和“girlfriend”的直译。

（六）逆成词

逆成词（backformation）的构成遵循减法原则，即从一个现有的词（通常是名词）中挪掉看似后缀的部分，得出一个新词（通常是动词）。为什么要强调“看似后缀”呢？因为其实那些被想当然地删去的部分并不是后缀，这倒是进一步证明了普通语言使用者的头脑中的确潜藏着关于词素和构词法的知识，尽管这些知识有时可能是错误的。比如，动词“televise”就是从名词“television”逆构出来的。“-ion”是英语中一个常用的派生后缀，添加在某些动词之后便可以构成名词，如 revise→revision、subtract→subtraction 等。于是有些人想当然地以为“television”也是这样从“televise”派生出来的，并据此逆构出“televise”一词。常见的逆成词还有 donation→donate、enthusiasm→enthuse、option→opt、emotion→remote、liaison→liaise。

此外，位于英语名词末的“-er”（或者“-or”“-ar”）也经常被当作动作主体后缀而从名词中去掉。

四、英语新词的产生

（一）新词的定义

新词指的是某一段时间内或自某一时间点以来首次出现的词，往往是出于对新事物进行描写的需要而出现的词，也指词典上还没有收录的词语，如很多词典后面增补的词语就是新词。

英语的发展总是和社会历史的进程融合在一起的，英语词汇的扩展是对新的历史条件和社会发展要求的反映。我们也看到，任何一个英语变体的形成，都伴随着大量英语新词的出现，新词构成了英语词汇发展中一道生动而亮丽的风景线。

（二）英语新词产生的原因

1. 文教育的发展

文教体育的发展带来各种新词，主要表现为以下四个方面：

第一，在教育和语言研究方面，因教学方法和教学用具的改革而出现了一系列新词。

第二，和教育有关的现象带来了一系列新词。

第三，电台和电视娱乐亦是较大的新词供应者。它们都很注重“audience rating”（视听率）和开发“hot line”（热线），注意节目类型的多元化，比如“call-in”（听众通过电话与主持人通话的节目）、“talk show”（脱口秀）、“sitcom”（情景喜剧）、“soap opera”（肥皂剧）、“prime time”（黄金时间）、“instant replay”（即时重播）、“VTR”（磁带录像机）、“VCR”（盒式录像机）等都是人所共知的用语。

第四，多姿多彩的新体育运动也丰富了英语的词汇。如“yoga”（瑜伽）、“skateboarding”（滑板运动）、“sand yacht”（沙滩艇）等。

2. 新型文化的出现

第一，人口的变化和发展为人口统计学提供了不断更新的数据和新名词。例如，美国人给一代代年轻人贴上了不同的标签，渐渐成为人们心中的时代代表名词，包括20世纪60年代的“hippies”（嬉皮士）、20世纪70年代的“yippies”（易比士）和20世纪80年代的“yuppies”（雅皮士）。

第二，社会流行文化语促进了新词的产生。随着社会的进步和网络的迅速发展，不知不觉我们的生活中就多了很多的流行性新词，并且被人们广泛地应用。例如，近些年来流行用一些缩略词来表达一种特定的含义，如“PK、CEO、WC”等。对于“WC”我想大家已经很熟悉了，其实，在地道的英语中，对卫生间的正确表述应该是“toilet”或“the rest-room”。但是现在很多人都会将卫生间简化为“WC”，大家也都明白其含义，随之也流行起来，很多不会说英语的人也知道它的意思。

第三，随着音乐制作方法的不断更新和改进，音乐领域也出现了很多新词。随着时代的演进，“Electrophonic Music”（电子音乐）成为音乐家制作音乐的一种重要方式，其中非常具有代表性的“Metal Music”（金属音乐）就可以分为很多种类，有节奏和速度较慢的“Doom”（毁灭金属），也有以夸张的舞台表演方式或浓妆艳抹的外在形象吸引乐迷的“Glam Metal”（华丽金属）。其他还有“Industrial Metal”（工业金属）、“Neo-Classical”（新古典金属）、“Pop Metal”（流行金属）、“Progressive Metal”（前卫金属）、“Speed Metal”（速度金属）等。

3. 科学技术的进步

现代科学和技术的进步是英语新词发展的最主要原因。为了描写新的发明和发现，各行各业的新词不断产生，比如，已经发现的“black hole”（黑洞）、“neutrino”（中微子）、“nanometer”（纳米）、“quark”（夸克）、“quasar”（类星体），已经发明的“radar”（雷达）、“laser”（激光）、“hovercraft”（气垫船）、“bullet train”（高速火车）、“container-ship”（集装箱船）等。这种新词的产生总是伴随着所在领域的发展，其中很多已经走出那个专业领域而为大众所接受和使用。

21世纪，电子技术和信息技术的迅速发展，为很多新领域的开拓提供了技术支持，人们结合计算机信息产业发展了生物信息学、心理学、军事、物理学等领域，开始了新的探索和追求。在这一系列过程中，已经产生了很多的新词语，这里就不一一列举了。

4. 电脑网络的革新

第一，电脑技术的迅猛发展带来很多新词。电脑从“desktop”（台式）发展到“laptop”（便携式），又发展到“palmtop”（掌上）。电脑技术的迅猛发展带来的新词比比皆是，如“computer system”（计算机系统）、“hardware”（硬件）、“software”（软件）、“mouse”（鼠标）、“monitor”（监视器）、“keyboard”（键盘）、“CPU”（Central Processing Unit，中央处理器）等。此外，“hardware”和“software”还衍生出诸如“courseware”（课件）、“groupware”（群组软件）、“freeware”（免费软件）、“shareware”（共享软件）等相关新词。

第二，Internet的蓬勃发展促使很多新词相继出现。Internet（互联网）的蓬勃发展早已让“WWW”（World Wide Web，万维网）、“Web page”（网页）、“Web site”（或Website，网站）、“Web browser”（万维网浏览器）、“Web phone”（网络电话）、“Web server”（万维网服务器）等广为流行。越来越多的家庭有了“broadband access”（宽带接入）、“broadband networks”（宽带网）或“Intranet”（内联网），网上聊天的工具也越来越多。网络给人们的生活带来了很大的便利，但是同时，网络也存在一定的威胁，例如病毒、黑客等都在影响人们的上网环境。

第三，Blog的迅速发展对新词的出现也产生了很大的影响，网民不仅仅被动地享用他人提供的信息，也可以把自己的信息供他人分享。“Blog”（网络日志）的迅速发展给人们传递信息带来越来越大的影响。

第四，Podcast的发展为英语增添了很多新词。在这个网络迅速发展的时代，一种新事物的兴起和传播是非常快速的。例如，Blog刚刚兴起，就有很多网民拥有了“podcast podium”（播客宝典），开始用起了“podcast”（播客）。随着这种文化的广泛传播，应用人数越来越多，“podcast”一词甚至在当时被选入《新牛津美国词典》。这种现象在如今是有过之而无不及的，很多新鲜词语越来越频繁地出现在大众视野中，很多词语也都逐渐被归为可正式使用的行列。

第二节 英语句法学

一、句法学的基础理论

（一）句法学的概念

句法学研究的是单词组成句子的方法，以及支配句子结构的原则。不同语言的句子顺序不尽相同，如英语是“主语+动词谓语+宾语”，研究句子结构能够让我们更好地理解句子含义。

传统句法强调数、性、格。一般情况下，数分为两种，即单数与复数。性分为阴性与阳性，有些语言还有中性。格是针对名词和代词的，有主格、宾格、所有格。动词则有时态和体。句子的不同成分中存在以下两种关系：

第一，一致关系。这种关系是指句子中两个或两个以上的成分要在某些范畴上保持一致。例如，限定词与名词要在数上保持一致，如“these apples”。

第二，支配关系。这种关系是指句子中某一成分控制了另一成分。例如，英语中的动词支配了它后面代词的形式，如“she found him”。

任何语言都有很多词类，能在句子中起相同作用的词构成了相同的句法范畴。如英语中句法范畴大致有以下五种：一是动词短语；二是名词短语；三是形容词短语；四是副词短语；五是介词短语。

（二）生成句法

我们知道语言学有许多流派，这些流派都有自己的一套句法理论，如结构主义有结构主义语法，功能主义有系统功能语法等，而生成语法的句法理论对现代的影响较大，下面我们主要围绕该理论进行探讨。

生成语法是美国语言学家乔姆斯基创立的语言学理论。① 在他提出的片语结构语法中，句子的组成成分结构是有层次的。如果我们借助下面的符号：

---

① 姚安. 乔姆斯基的语言进化假设［J］. 现代交际，2019（15）：70-72.

Noun Phrase——NP

Verb Phrase——VP

Prepositional Phrase——PP

Adjective Phrase——AP

Adverbial Phrase——ADP

Sentence——S

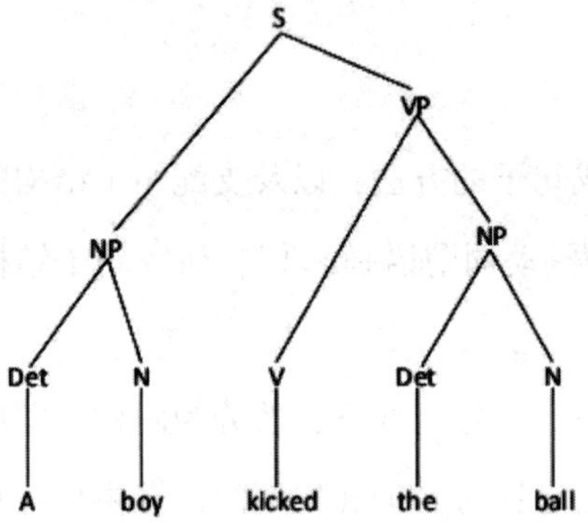

图 2-1 树形图

那么可以将“A boy kicked the ball.”通过以上树形图来表示（见图 2-1）。

树形图中有节点，可以从节点引出线条，来表明词按线性顺序的排列，各个词组的组成成分及每个组成成分的句法范畴。

在生成语法进入标准理论时期，乔姆斯基提出：句法的基础部分包括改写规则和词汇库，改写规则生成深层结构，再通过转换规则将深层结构变成表层结构。① 深层结构是句子结构中的不同成分的内在层面，它决定了语义。表层结构是指句法派生过程的最后阶段显示出的句子形式，如“What has Mary borrowed?”通过改写规则，可以得到该句的深层结构“Mary has borrowed what?”

后来乔姆斯基对学说进行了修正，采用了语迹理论。意思是在句子中，一个成分从某个位置移动到另外一个位置后会留下痕迹，这个痕迹就称作语迹。例如，“The letter was written by Tom.”其深层结构应是：“Tom wrote the letter.”如果在被动句中加上语迹：“The letter was written（trace）by Tom.”那么深层结构的信息，即“letter”本是“write”的宾语，也能在表层结构上一目了然。所以在语迹理论中，语义解释的必要信息也可以来自表层结构。

---

① 朱恩岱. 浅析乔姆斯基的转换生成语法［J］. 海外英语，2018（16）：241-242.

20世纪80年代，乔姆斯基的理论进入原则和参数方法的时期。他提出了管辖与约束理论，并开始使用D-structure和S-structure的概念。D-structure是句子中的一个抽象层次。在这一层次里句子被授予施事者和受事者的语义角色。S-structure则是另一个层次，在这个层次中，句子被授予句法中的格形式。从1993年到现在，乔氏的理论进入最简方案时期，他这时的目标是消除生成语法中的冗余部分，达到模式最简化的水平。①

乔姆斯基的句法理论过于抽象，对语言中的很多问题仍无法做出明确解释，但是乔姆斯基通过不断修正自己的理论，对句法研究做出了贡献。他理论中的某些方面已被运用到第一语言和第二语言习得的研究之中。句法是语法研究的核心，所以研究句法对于现代英语语言学来说，具有十分重要的意义。

1. 生成句法对现代语言学理论的贡献

毋庸置疑，生成句法为现代语言学理论的发展做出了巨大贡献。经过50多年的研究，生成句法学家发现，一个人的句法能力的复杂性远远超出任何句法学家所能想象到的。举个简单的例子，一个电脑系统经过一定的训练可以打败世界上水平最高的棋手，然而它却无法与一个五岁孩子的句法能力相比较，后者能够充分准确地判断、生成、解释其母语中的所有句子。生成句法学家还发现，语言的限制规则是句法的核心。生成句法学家还有一个重要的发现，即人类六七千种语言，不管是否来自同一语族或是否保持沟通往来，相互之间有着许多惊人的相似之处，有趣的是，以英语为母语者开始学习汉语时，会发现学习汉语非常难，因为他们首先看到的是与英语有所不同的四声和方块字。同样，以汉语为母语者学习西班牙语或法语时，首先会对这两种语言中复杂的动词变位形式感到困惑。然而对于生成句法学家来说，面对不同的语言，他们首先看到的是语言之间所拥有的共性，而且随着研究的深入，他们在不同语言中发现了越来越多的共同规律。这里，我们主要介绍生成句法在英语及汉语上做出的贡献（语序与特殊疑问句方面）。

（1）英语

一般地讲，句法学家认为英语的语序是SVO，即主语出现在动词之前，宾语出现在动词之后。除了主语、宾语与动词有这么一个固定的关系以外，在英语里，介词也像动词一样出现在名词前面以构成介词短语，介词短语必须出现在动词短语后面。

构成英语的特殊疑问句有以下两个步骤：第一，将特殊疑问词移到句首；第二，将助动词移到主语之前。

---

① 吴娟. 乔姆斯基的语言观综述［J］. 山海经（教育前沿），2020（3）：7，12.

这两个步骤体现在以下两个转换规则上：

第一，用疑问词替换所要询问的表示人物、事件或物体的词，然后将其移到句首。

第二，将助动词移到主语前面。

如果疑问词不前置，构成的疑问句则听起来不妥；如果助动词不移到主语之前，其结果也不好。

（2）汉语

汉语不完全像英语那样严格遵循 SVO 语序，却有着 SOV 语序。我们不得不承认汉语语序的复杂性，除 SVO 和 SOV 这两大结构以外，汉语还允许 OSV 这样一种语序结构。

汉语的语序历来是语言学家重点关注的问题。在过去两千年里，汉语的语序逐渐从上古时期的 SVO 朝 SOV 发展，到了近代汉语时期，语序已经基本确定为 SOV 结构。从一定意义上来讲，持这种观点的历史语言学家主要受以下两个语言事实的影响：

第一，到古代汉语时期，代词宾语和疑问句宾语已逐渐从否定动词后的位置移至动词之前。

第二，表示方位和工具的介词短语从动词之后移至动词之前。

对于这一语序演变假设，有一个问题是，在古代汉语时期，许多介词短语已经出现在动词前面，如表示工具的介词短语可以前置。这种语言现象只能看作对当时那种语言句型的扩充表现。如果说汉语经历了从 SVO 到 SOV 这种语序的重大变化，那么如何解释近代汉语里除了很多介词短语可以出现在动词之前以外，还有不少介词短语可以跟在动词后面这个现象？通过详细分析古代汉语中介词短语的句法结构发现，前置的介词短语在古代汉语时期是十分普遍的。介词短语从出现的频率来看，几乎一半出现在动词之前，另外一半出现在动词之后。根据这个数据就可以说明不能用介词短语的位置作为 SVO 到 SOV 语序演变的证据。

由于汉语是主题主导语言，汉语的语序可以表现为三种结构，即 SVO、SOV 以及 OSV。SVO 是汉语的基本语序，而另外两种则是变体，这是因为后面两种变异的语序结构有不同于基本语序结构之处，主要表现在以下两个方面：

第一，在变异的语序结构中，其宾语必须是特指或有定语的名词，而在基本语序结构中的宾语没有这种限制。

第二，在基本语序结构中，否定词“没”可以与“什么”“任何”等负极词合用，而这种组合却不能出现在变异的语序结构中。

虽然两种变异的语序结构在以上两个方面有别于基本的语序结构，但是并不意味着这两者是等同的。比如，在 SOV 结构中的宾语具有对比或强调的意义，而在 OSV 结构中的宾语没有这种特殊语义。

2. 发展方向

从 20 世纪 90 年代中期开始，乔姆斯基及其同事在原则参数模型理论的基础上创建了最简方案理论。最简方案的最大特点就是对普遍语法中的理论和原则进行大量的精简。比如，最简方案已将语言形式结构中的四个层面（深层结构、表层结构、语音结构、逻辑结构）减少到语音结构和逻辑结构两个层面。同时，最简方案合并和包含条件这两条原则取代了短语结构规则。所谓合并是指两个句法单位可以结合在一起构成一个大的句法单位。所谓包含条件是指句法结构的特点必须来自其组成成员的词汇特点。最简方案的核心是在最大限度上用最简单的手段解释最复杂的语言现象。从语言进化角度讲，人类语言的进化速度可以用“迅猛”来形容，要想圆满解释人类语言的快速进化，很难假设语言的先天机制如同原则参数模型理论那样含有众多复杂的原则。从哲学角度讲，乔姆斯基希望走出“解释充分性”这一阶段以达到更高的境界。从“观察充分性”（observational adequacy）到“描述充分性”（descriptive adequacy）再到“解释充分性”（explanatory adequacy）是生成语言学对传统语言学的一大“革命”。[①] 现在，最简方案不仅希望能充分解释语言事实，而且能解释和说明语言之所以具有这些语言事实和特点的真正原因。这种追求“超出解释充分性”（beyond explanatory adequacy）的境界是为了达到这个目标：找出哪些语言的结构和语言的使用是人类语言机制所特有的。最简方案通过寻找语言的结构和语言的使用，从而对语言的本质、语言的习得和语言的使用做出科学的解释。

形式生成类型学为生成语法今后的发展提供了方向。形式生成类型学是将乔姆斯基的普遍语法和格林伯格的类型学理论合二为一，这种结合是将两者的精髓有机地融为一体。形式生成类型学，一方面采用生成语法的抽象、形式的手段对语言进行深入、透彻的分析；另一方面运用类型学的方法，分析、比较多种属于不同语族的语言，从而在世界各地众多语言中寻找出人类语言的共同点。形式生成类型学倡导的研究策略为中间法，即对一定数量的语言进行一定深度的语言分析，可将语言分析的最佳数量定在10~20种之间。采用中间法的结果，既能避免生成句法的弊端一直关注个别语言或同属某一语族的几种语言，又能避免类型学的传统——只注重显而易见的表面现象，缺乏对抽象特征的深层研究。形式生成类型学着重探讨以下三大问题：

---

① 张倩倩. 浅析乔姆斯基内化语言理论［J］. 休闲，2020（19）：158-159.

第一，自然语言中哪些特点属于人类所共有的普遍东西？

第二，自然语言中哪些特点属于某一特殊语言？

第三，哪些语言差异是系统的、有规律的，因而属于语法的范畴；而哪些差异是随机的、无规律的，因而属于词汇的范畴？

鉴于语言直接体现人脑的认知，研究语言势必要解答人脑的认知本质是什么这一根本问题。为此，以上三个问题的答案对人脑的本质和起源将有哪些启示，也是形式生成类型学关注的另一个问题，虽然它不是句法学家所面临的直接的问题。

与乔姆斯基所提出的三大基本问题（什么是人类的语言知识？儿童是如何习得母语的？人们是如何使用语言的？）相比较，可以发现，形式生成类型学的三大课题是对乔姆斯基的三大经典问题的进一步诠释，其目标仍是探究语言的共性。毫无疑问，生成语法是形式生成类型学的坚实根基，因为在“语言是什么”这一基本问题上，形式生成类型学完全认同了乔姆斯基的观点，也就是说，研究人类语言的根本目的是研究人脑的本质。另外，形式生成类型学继承并强调生成语法所坚持的抽象的研究手段，因为许多跨语言的比较分析研究必须透过语言的表面现象，通过抽象的假设、检验才能得出有实质意义的结论。

在这里，需要强调的是，形式生成类型学与乔姆斯基的最简方案理论没有根本的冲突，因为两者都希冀最大限度地解释语言现象，只是两者所采用的研究策略不同。生成类型学因为注重横向的、跨语言的研究，所以它在尽量将语言理论原则保持为常量的基础上，力求通过增加可研究的语言素材来提高其解释能力。而最简方案理论因为重视纵向的、个别语言的研究，其做法是通过减少语言原则来提高描写、解释语言现象的能力。如果说生成类型学与生成语法有什么不同，那最大的差异在于生成类型学增加了跨语言的素材，引进了对比分析的手段，并将重点放在收集、分析不同语族的语言，旨在从中找出人类语言共有的普遍规律。

二、句法关系

一般情况下，句法关系可以分为三种，即位置关系、替换关系及同现关系。下面，我们主要围绕这三种句法关系进行具体的阐述。

（一）位置关系

语言要完成其交际功能，就必须设法标记出分句中各短语的语法作用。例如，在

"The boy kicked the ball." 中，就须用一种方法来标明第一个名词短语做主语，第二个名词短语做间接宾语（indirect object）。人类语言中两种最常用的传达这种信息的方法是位置关系（或词序）和缀合法。

位置关系（positional relation），又称词序（word order），指的是语言中词汇的排列顺序（sequential arrangement of words）。显而易见，句子中的词语只有按照语言的规约进行排列，才能产生符合语法的言语。

位置关系是组合关系一个方面的表现，后者是由弗迪南德·索绪尔发现的。其实，词序是将世界上各种语言分类的三种基本方法（词序、起源性、区域分类）之一。按照这种分类法，世界上总共有六种可能的语言类型，即 SVO、VOS、SOV、OVS、OSV 和 VSO。英语就属于 SVO 型语言，尽管这并不意味着 SVO 是英语中唯一可能的词序排列。

（二）替换关系

首先，替换关系是指语法上可以在相同结构句子中相互替换的词类或词语的集合。

其次，替换关系是指在语法上可以共同替代某一集合中一个词语或含有一个以上词语的集合。

（三）同现关系

同现关系的意思是不同组分句中的词语可准许或要求与另一个集合或词类中的词语同现，从而构成句子或句子的某个部分。

因此，同现关系可分为两个部分，这主要是因为它的一部分属于组合关系，另一部分属于聚合关系。

三、短语与句子

（一）短语

短语（phrase）是含有一个以上词语的单一结构要素。一般情况下，短语首先应是构成一个成分的一组词语，其次短语在语法层级上要低于分句。更精确地说，简单分句可以包含短语，但是简单短语（一般）不包含分句。

然而，有一种趋势要区分词组和短语。词组是通过对某词类的词语进行修饰所做的扩展，而该词语所属词类的主要特征没有发生变化，因此我们就有了名词词组、动词词组、副词词组、连接词词组及介词词组。

（二）分句

一个成分具有自己的主语和谓语，若其还被一个更大的句子所囊括，则该成分可称为分句。

分句分为两大类，即限定性分句和非限定性分句。非限定性分句包括传统的不定式短语、分词式短语和动名词式短语。

（三）句子

从传统的语言观角度来看，句子是能够表达思想的最小单位。句子是在无论多大的语言形式中，不被任何语法结构所包含的结构。

四、句法的功能

句法功能体现了语言形式和语言模式其他部分之间的关系，语言形式是在语言模式中运用的。句法功能的名称可以表达为主语（subject）、谓语词（predicate）、宾语（object）等。

（一）主语

在一些语言里，主语是指一个主格名词，典型的例子出现在拉丁语中，主语总是主格。

在英语中，句子的主语通常被说成是动作的实施者，而宾语则是动作的实施者施加动作的人或物。

动作的实施者或承受动作的人或物通常与具体的语义角色相一致，也就是施事者与受事者。但是实际应用中可以发现主语与宾语不一定一直分别扮演施事者与受事者的角色。语法主语与逻辑主语由于被动语态中核心宾语名词占据了动词前面的空格，所以我们应称之为语法主语。由于原来做宾语的名词短语处于动词前通常由主语占据的位置，现在做介词宾语的核心主语，则被称为逻辑主语，之所以这样，主要是因为在语义上，核心主语仍然承担实施动作这一主语的一般职能。除此之外，还需要提及的一点是，“话题”（句子所谈论的内容）是主语的另外一个定义。从表面上来看，这个定义适用于许多句子。但是，将句子主语与施事者或话题等同起来并不可靠，我们反而要用语法标准去建立一个可行的概念。英语主语有许多特征，主要表现为以下五个方面：

1. 词序

通常情况下，主语在陈述句中出现在动词前面。

2. 替代形式

当主语是代词时，英语中的第一人称代词和第三人称代词将以特殊形式出现。

3. 与动词的一致关系

在一般现在时中，当第三人称主语是单数时，动词后要加“-s”。在这里，需要特别指出的一点是，宾语或句中其他成分的数与人称不会对动词形式造成影响。

4. 对内容提问

如果主语被疑问词（“who”或“what”）替换，句子的其余部分仍保持不变。如果句子的其他成分被疑问词替换，那么主语前面必然要出现情态动词。如果基本句不含情态动词，那么应紧靠疑问词后插入“did”或“do”。

5. 附加疑问句

为一项陈述寻求认证，是附加疑问句的主要功能。通常情况下，附加疑问句中含有一个回指主语，而不是其他任何成分的代词。

（二）谓语

谓语是两分法中句子结构的重要成分之一。两分法认为，主语以外的所有必须具备的成分是一个整体，而这个整体就是谓语。谓语往往表达与主语有关的动作、过程和状态。

由于谓语包括了动词、宾语、补语等成分，人们觉得在以功能为本的语法分析中使用像动词这样的同类名称不符合逻辑。

（三）宾语

从传统意义上来讲，主语就是动作的实施者，那么宾语则是动作的接受者。通常情况下，宾语分为两大类，即直接宾语与间接宾语。

在一些屈折语言中，宾语具有格标记，即宾语与格分别对应直接宾语和间接宾语。

在英语中，“宾语”的确认往往通过两种途径，即追踪其与词序的关系（动词和介词后）以及（代词的）屈折形式。

韩礼德、乔姆斯基等现代语言学家认为，宾语是指在被动转换中称为主语的成分。

五、词类与功能的关系

我们或多或少地了解到，词类和功能是相互决定的，但这并非任何一对一的方式。

显然，一个词类可具备多种功能。名词或名词性短语可以做句子的主语、宾语、修饰语、状语和补语。

另外，一种功能可用几种词类来完成。句子的主语可由名词、代词、数词、不定式等来充当。

第三章 语义学与语用学

第一节 英语语义学

语义学是英语语言学的一个重要分支，是主要研究词语和句子意义的一门学科。掌握语义学对于更好、更深入地理解和学习语言十分有利。本章将对语义学的相关内容进行详细分析，包括词汇意义、句子之间的意义关系以及意义分析。

一、词汇意义

词汇是语言意义的重要载体，英语词汇学习实际上就是英语词汇意义的学习，这是英语词汇学习的重点与核心，所以词的意义以及词汇的语义关系等一直都是语义学研究的重要内容。本节将对词汇意义进行具体说明。

（一）词义的含义

词义是词的内容，是主观主体对客观事物现象的反映，包含人们对客观事物各种特点的认识。词义反映的是有关客观事物现象的一般的或本质的特点，一个词的最初的含义称作本义。以本义为出发点，根据它所反映的事物或现象的各个特点，词在它的发展过程中又会产生若干个与本义相关但并不相同的意义，这就是词的引申义。本义和众多的引申义组成了整个词义系统。

简单而言，词义可指词的所指意义，也可指词的概念意义，通过具体的语境，词义又可以得到具体的确定。下面就从“指称”“概念”和“行为”三种传统学说的角度来分析词义。

1. 词—事物

关于词义的研究，一种较为流行的说法是，词是对相关事物的“命名”（name）或

“指称”（refer to）。“伦敦”（London）、“布朗”（Brown）等一类的专有名词以及商店货架上的商品标签，或是那些地图上标注的名称等一些词都说明了这一概念。但是，在日常生活和工作中使用的大量词汇中，有许多词无法使人们看到所指称的“事物”是什么，如“询问”（ask）、“发现”（find）、“困难的”（difficult）、“流行的”（popular）等。实际上，大多数词与所指称的事物不存在直接的联系。

2. 词—概念—事物：语义三角

索绪尔提出了符号两分说理论，他认为符号是由“能指”（signifier）和“所指”（signified）这两个层面构成的。① 传统语义学家根据索绪尔的理论，通常用一个三角图形来说明词与词义之间的关系。语义学提出的“语义三角”否定了单个词与具体事物之间的直接联系，认为这种联系只有通过人的大脑思维才能建立。对每个词存在着一个与之相联系的概念，这一见解进行说明的最著名的公式之一就是奥格登和理查兹（Ogden&Richards）的语义理论，人们称之为“词义三角”（Triangle of Significance），如图3-1 所示。②

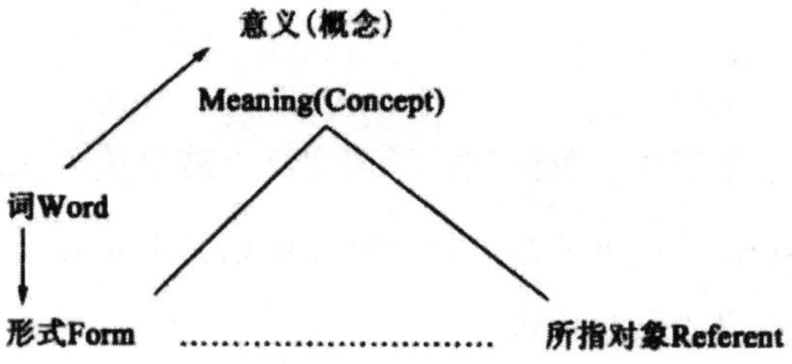

图 3-1　语义三角

通过图 3-1 可了解到以下内容：

首先，词的所指有“形式”和“意义”（概念）两个方向。形式首先是指词的语音形式，它的书面形式就是人们通常所称的拼写。与此相对应的是词的意义（其核心部分是概念），也就是人们平常所说的意思（内容）。每个词都有其既定的形式和意义，这两个方面缺一不可，并统一体现在每个词中。例如，“man”这个词的词义就是和/mæn/这个语音形式或“m-a-n”这个拼写形式结合在一起的，意思是“用两条腿走路、会说话、会干活的动物”。

其次，词义与所指对象连接在一起。一方面，词义在客观世界中是有所指的；另一方

① 郑莲. 关于索绪尔语言学理论［J］. 文学少年，2021（25）：397.

② 孙维张. 词义三角与语言思维的类型［J］. 吉林大学社会科学学报，1985（6）：44-50.

面，词义又是客观世界的某一（或某些）事物在语言中的反映。客观世界是无穷无尽的，客观世界的各事物之间存在着细微的差别。人类语言无法非常完整准确地表达客观世界，一种语言无论词汇多么浩瀚、词义多么丰富，都无法完全、准确地反映出客观世界。

并非所有的词语都可以构成语义三角关系，三角元素不完备的情况也十分常见。例如，很多专有名词没有语义只有对象，有些词则没有具体的所指对象，还有一些内涵与外延无法确定，不表示概念，但有语义，如表语气的词和英语介词等。

以上“语义三角”只能对词义进行浅层次的分析和解释，难以判断“概念”。要对“传统”这个词的“概念”进行确定并不比对“传统”这个词所指称的“事物”下一个定义更容易。某些词有比较容易概念化的意义，但是我们的概念里不可能对所说的每个单词都有一个与之完全对应的真实意象。

3. 刺激—词语—反应

布龙菲尔德根据行为主义观点对词的意义进行了阐述：人们在研究话语使用的情境时，可以单独分离出意义——刺激（S），这种刺激并引诱人说出话语（r），最后促使由这段话语（s）引起的行为（反应 R），如图 3-2 所示。①

布龙菲尔德对图 3-2 的文字解说是：吉尔饿了，看到一只苹果（S），并想让杰克拿给她；她提出了请求（r）；这一话语的刺激（s）促使杰克取来了苹果（R）。

布龙菲尔德认为，仅仅通过观察与之（话语）相伴的事件，就能判明“r……s”的意义。然而，在很多情境中，很难说明与刺激/反应相关联的特征是什么。

S ———————— r……s ———————— R

图 3-2 “刺激—词语—反应”示意图

人赋予了词一定的意义。词是用来反映客观对象的符号，概念是说话人或听话人在头脑中产生的有关客观对象的意义，客观对象即被反映的事物。词反映概念，概念再反映客观对象。词与客观对象并不对等，它们之间没有直接关系，只有间接关系，所以这种解释被称作“间接反映论”。语言学家对词义的理解源于他们对语言中词语意义的研究，源于对逻辑形式系统中符号解释的研究。

（二）词义的分类

词的意义基本是由几个方位、几个层次的意义所组成的一个意义统一体，而并不是以

① 朱文静，刘景霞. 由布龙菲尔德公式看生活中的语言现象［J］. 文学教育，2019（10）：146-148.

单一的个体存在的。关于词义的分类，很多语言学家都试图从不同的角度对其进行研究。其中，语言学家格赖斯根据语言的实际运用，将词义分为四种，即固定意义（timeless meaning）、应用固定意义（applied timeless meaning）、语义情景意义（occasion meaning）和说话者的情景意义（utterer's occasion meaning）。语言学家利奇（Leech）将词义分为七种类型。下面就对利奇的分类进行简要说明。

1. 概念意义

概念意义（conceptual meaning）指的是与外部现实或虚拟世界相联系的意义。在整个词义中，概念意义占据核心地位，是词语在与语言交际中的最基本含义。概念意义的意思比较稳定，是语言交际的核心因素，并且具有以下特征：

（1）可变化

词的概念意义一般是比较稳定的，但优势也会发生变化。随着社会的快速发展以及新事物的不断出现，词的概念意义也会随之发生变化。例如，“hospital”的基本概念意义是“供游客休息和娱乐的场所”。后来随着社会的快速发展和医学的进步，“hospital”的意义开始有所转变，变成了“伤病人员获得医疗救治的场所”，也就是现在的“医院”。

（2）受语境的影响

语境对词的概念意义有着较大的影响，语境不同，词的概念意义也会不同。例如：

①He hurt his foot yesterday.

他昨天伤到了脚。

②My house is at the foot of the hill.

我的房子在山脚。

③Marshall Ericson is five foot two.

马歇尔·埃里克森身高 5 英尺 2 英寸。

通过阅读可以发现，“foot”一词在上述三个不同的句子中有着不同的含义。在句①中，“foot”指人躯体的一部分，即脚。在句②中，“foot”指物体的底部。在句③中，“foot”指的是度量衡的一个单位。可见，词的概念意义深受语境的影响。

2. 内涵意义

内涵意义是具有并同时超出概念意义的交际价值，它是概念意义的补充。作为概念意义的附加部分，内涵意义反映了人们对词语所指对象的态度和情感。

内涵意义具有两个特征，即因人而异，具有民族性特征。因人而异是指不同的人在看到或听到某个词语时，会产生不同的联想，从而赋予词语不同的内涵意义。具有民族性特征是指在不同的文化背景下，不同民族的人有不同的思维方式，他们对同一事物有不同的看法和认识，所以词的内涵意义也就呈现出一定的民族性特征。

3. 社会意义

社会意义指的是词语所表达的社会环境意义。据此，人们可以通过某个词的使用了解说话人所处的社会环境以及交际双方的社会关系等。

4. 情感意义

情感意义是指说话人使用词语所反映的情感态度。情感意义具有依附性，它需要通过概念意义、内涵意义等手段得以表现。

5. 联想意义

联想意义是人们由词语联想到的意义。例如，在语言交际过程中，人们通常避免使用一些容易引起人们负面联想的禁忌词，为了避开这些词语，同时确保信息的传递，人们常会使用委婉语，这就与词的“联想意义”有关。

6. 搭配意义

搭配意义是指词与词的搭配习惯或词在固定的组合中所具有的意思。有些词语的概念意义相同，但与不同的词语搭配时具有不同的意义。例如“pretty”和“handsome”都有“漂亮、好看”的意思，但是它们所修饰的对象各有不同。“pretty”通常与“girl”“garden”“flower”等搭配，“handsome”通常与“boy”“man”“vessel”等搭配。

7. 主题意义

主题意义（thematic meaning）是说话人或作者通过信息的组织方式来传递的意义。例如：

Mrs. Smith donated the first prize.

The first prize was donated by Mrs. Smith.

以上两个句子有着相同的语义，但主题意义有所差异。第一个句子采用的是主动结构，强调的是史密斯夫人捐了头奖；第二个句子采用的是被动结构，强调的是史密斯夫人捐的头奖。

（三）词义的关系

词汇的语义关系十分复杂，对其进行研究不仅有利于进一步深化对词汇的研究和理解，同时对词汇习得、交际过程中词义的把握甚至在交际过程中的信息获取都非常有帮助。下面对常见的词义关系进行具体说明。

1. 多义关系

多义关系指的是一个词具有多种意义，并且意义之间存在着密切的联系，存在多义关系的词叫作多义词。实际上，英语中的大部分单词都具有多个意义，只有一个意义的单词极少。一般而言，使用频率越高的单词，其词义也越多。

多义词词义之间存在一些关系，主要有原始意义与派生意义、普遍意义与特殊意义、字面意义与比喻意义、抽象意义与具体意义等。对这些关系的分析有利于更好地理解多义词现象。

词的原始意义是指词在产生时的意义，即词的本义。词的派生意义是词在语言不断发展的过程中形成的意义，即词的转义。随着社会的发展，词义经常会产生分化。词义的分化主要表现为两点：第一，词的原始意义完全消失，被派生意义所替代；第二，词的原始意义与派生意义在现代英语中都被保留下来，但是原始意义在固定词组或成语中使用较多，而派生意义的使用则较为自由，使用范围也较广。

词的普遍意义与特殊意义也是由于词义范围发生变化而产生的。在英语中，有些词不仅可以指一类事物，还可以指这类事物中的某一个或某一种。例如：

gas 气体→煤气

captain 领导者→船长

语言经过长期的发展和使用，有些单词会从本身的字面意义中引申出比喻意义，从而使表达更加生动、形象。例如：

lion 狮子→勇猛的人

web 网→周密的布置

词的抽象意义与具体意义是通过词义范围变化而产生的。英语中很多名词都具有抽象意义和具体意义。例如：

stage 舞台→戏剧

beauty 美貌→美人

2. 同形异义关系

同形异义词是纯粹根据发音或拼写相同而联系在一起的词族。

同形异义关系是一种拼写及发音都相同，但词义完全不同的现象。词汇中的同义关系现象在某种程度上遵循了语言中的经济原则。这一现象的产生是多种因素综合的结果，主要体现在以下两个方面：

第一，有些同形异义词是由词语的缩略因素产生的。例如，“pop”是“popular”的缩略，意思是“通俗的”；在美国俚语中，“pop”又是“poppa”的缩略，意思是“爸爸”。此外，“pop”还具有“人口”之意。

第二，有些同形异义词的产生源于词义分化因素。具体而言，这一现象又被称为同义词变体。它是指在英语词汇的发展过程中，同一词的两个及以上意义逐渐分离，一个词就分成了两个或多个意义不同的词。例如，现代英语词汇中的“flower”名词“花”和“flour”名词“面粉”就是由古法语“flor”和拉丁语“hos”分化而来的。

导致同形异义关系形成的原因还有很多，如音变会合，地名、人名、商标名和民族名称以及委婉语的使用等，这里不再具体分析。

比较常见的同形异义词主要有三种类型，即同形同音异义词、同形异音异义词和同音异形异义词。

拼写、发音相同，而意义不同的单词即为同形同音异义词，又称“完全同形异义词”。例如，spring（春天）—spring（泉水）。

同形异音异义词指的是拼写相同，发音和意义却不同的单词。例如，sewer（排水管）—sewer（缝纫者）。

同音异形异义词指的是发音相同，拼写和意义不同的词语。例如，dear（亲爱的）—deer（鹿）。

3. 同义关系

英语词汇中有很多的同义词，也就是意义相同或相近的词。这些意义相同或相近的词之间就形成了同义关系。在英语词汇中，本族语和外来语混合的同义词有很多，常见的有以下三种情况：第一，结成一对的同义词。例如，bodily（本族语）—corporal（外来语）。第二，三词一组的同义词。例如，time（盎格鲁-撒克逊）—age（法语）—epoch（拉丁语）。第三，英国英语和美国英语构成的同义词。例如，lift（英国英语）—elevator（美国英语）。

根据词义相同的程度，同义词可分为完全同义词（absolute synonym）和部分同义词（partial synonym）两种。

完全同义词也就是意义完全相同的词，这些词的含义与用法完全相同，在不同语言环境中可以互换使用。完全同义词的数量有限，多是一些专业术语和名词，如“word building”和“word formation”就是完全同义词，它们的意义相同，都表示“构词法”。

人们通常所说的同义词多指部分同义词，部分同义词在英语中占有很大的比重。部分同义词的意思虽然相近，但在用法和搭配上有明显的差异。这些差异主要体现在以下五个方面：

（1）部分同义词之间存在细微的语义差异。虽然部分同义词之间的意思十分相近，但也存在一些细微的差别。例如：

to surprise—to astonish—to amaze—to astound（吃惊）

上述词语都表示吃惊，但吃惊的程度在逐渐递增。

（2）部分同义词之间存在文体差异。部分同义词在使用场合上也存在一定的差异，这就是文体差异。例如，“die”和“decease”都有“死”的意思，但“decease”的使用场合比“die”更为正式。

（3）部分同义词之间存在感情色彩差异。情感色彩差异是指部分同义词在使用过程中所体现出说话人的不同态度。按照情感色彩，词可以分为贬义词、褒义词和中性词。

（4）部分同义词之间存在语境差异。有些意思相近或意义部分重叠的词语，只有在某些特定的语境中才表现出同义关系。例如，“govern”的语境同义词有“direct”“control”“determine”“tame”等。

（5）部分同义词之间侧重点不同。有些部分同义词的词义侧重点有所不同。例如，“denote”和“connote”都有“意指”的意思，但前者侧重通过事物的表面可以直接获取的信息，后者则侧重事物暗示出的某些信息。

4. 反义关系

反义关系是指有着相反语义的词语之间形成的关系。反义词的意义是对立或者相对的，一般表示关系、方向、性质、情感以及有取向性的动作等意义的词语具有反义关系。概括而言，反义关系具有以下三种类型：

（1）互补反义词

互补反义词中的两个词是一种非此即彼的关系，没有中间状态，肯定一方就等同于否定了另一方。例如，man—woman、alive—dead。

（2）相对反义词

相对反义词中的两个词表达的是一种对称关系，也就是说两个词是对同一事物两个不同方面的描述，如 precede—follow。此外，相对反义词还表示一种相互依存的关系，如 husband—wife、mother—son 等。

（3）可分级反义词

可分级反义词又称“两极反义词”，多是一些容易发生变化的形容词。可分级反义词有中间状态，也就是可以分级，往往否定其中一个词并不代表肯定另一个。

5. 上下义关系

上下义关系指的是词的概念大小之间的关系，简单来讲就是上义词和下义词之间的关系。上下义关系存在支配词和受支配词，支配词是语义较为宽泛的词，受支配词是语义范围较小的词。

上下义关系具有一定的特性，具体表现为以下两点：

第一，词汇的上下义关系具有相对性，并不是绝对固定不变的。例如，“animal”和“plant”对于“sheep”和“tree”而言就是上义词，但对于“living”（生物）而言就是下义词。

第二，上义词和下义词有时会出现重叠。例如，在英语中“dog”一词是各种“狗”的上义词，但“dog”又是与“bitch”和“puppy”相对应的下义词之一。

6. 分类关系

分类指的是以事物的同和异为依据将事物集合成不同类别的过程。而分类关系则是一种特殊的层级关系，按照不同的分类标准，可以对英语词汇进行不同的分类。

分类关系包括两大类型，即绝对分类关系与相对分类关系。

绝对分类关系是符合分类穷尽性和排他性原则的词汇分类结构所体现的意义关系。这一定义中分类的穷尽性是指从第一个词开始，每个母项的外延都与它的子项之和相等，直到最后一个层次。分类的排他性是指每一个层次的共类词之间都具有互不相容的意义关系。

相对分类关系是指与绝对分类关系不符的词汇分类关系。

二、句子之间的意义关系

语义学不仅研究词汇之间的意义关系，还研究句子之间的意义关系。具体而言，句子之间的意义关系包含以下五种：

（一）蕴含关系

蕴含关系指的是句子命题之间的语义关系。在蕴含关系中，如果句子 A 为真，句子 B 必然为真，此时就可以说句子 A 蕴含句子 B。

（二）预设关系

预设关系指的是句子之间的语用关系。预设关系存在于同一个时间层面中。当句子 A

为真时，句子 B 必然为真，此时就可以说句子 A 预设句子 B。例如：

A. I don't regret leaving New York.

我不后悔离开纽约。

B. I do regret leaving New York.

我确实后悔离开了纽约。

C. I left New York.

我离开了纽约。

在上面的例子中，句子 A 和句子 B 都预设了句子 C。因为句子 A 和句子 B 都表示“已经离开了纽约”。

预设和蕴含一样，既具有词汇层面上的预设关系，又具有句子方面的预设关系。我们将引发预设的因素称为“预设诱发因素”。

（三）同义关系

同义关系指的是两个句子表达的含义相同。例如：

My brother is a bachelor.

我的兄弟是个单身汉。

My brother has never married.

我的兄弟从未结过婚。

（四）反义关系

反义关系指的是两个句子之间的意义相反。

（五）自相矛盾关系

自相矛盾关系指的是句子本身内容之间存在冲突，其意义不成立。

三、意义分析

简单来说，语义就是语言的意义。什么是语言的意义呢？这个问题一直是语言学界关注的焦点问题，也是最难解决并一直存在争议的问题。甚至在不同的语义学著作中，学者们讨论的语义是完全不同的东西。但是，可以明确的一点是，语义是语言中最为重要的东西。下面就对语言的意义进行简要分析。

（一）意义

什么是意义？实际上，回答这一问题是非常困难的。因为“意义”这个词本身就有多种意义，人们可以用这个词表达不同的意思。例如，“节日里，年轻的志愿者们经常组织一些有意义的活动。（During the festival，young volunteers often organize some meaningful activities）”其中，“意义”可以指“价值”（value）、“目的”（purpose）以及“重要性”（importance）等。在“What is the meaning of this word?”（这个词的意义是什么？）这句话中，“meaning”指的是“含义或意思”。此外，在日常生活中，“意义”的解释也是多种多样的。

长期以来，学者们都在不断探究“意义”的本质，并从哲学、心理学、语言学等不同层面进行探索。

古希腊哲学家柏拉图（Plato）曾从命名事物行为和属性的角度出发，对人类的语言意义单位（词语）进行了界定，他认为词义就是对事物、行为和属性的命名。19世纪初，欧洲学者洪堡特（Wilhelm von Humboldt）认为词语是单个概念的符号，词始终针对概念。后来出现了弗斯（John Rupert Firth）提出的词语或语言在具体语境中的词语意义的行为学说。人们通过传递与理解话语所含的意义来认识世界、交流思想。1923年，奥格登和理查兹等人出版了成为语义学经典著作之一的《意义的意义》（*The Meaning of Meaning*）一书。他们在该书中区分了“mean/meaning”（有意义/意义）的多种不同意义，以下简单列举几条：

John means to write.（约翰想写。）intends（意图）

A green light means go.（绿灯行。）indicates（表述）

What is the meaning of life?（生活的意义是什么？）point、purpose（观点、意图）

以上列出了“mean/meaning”（有意义/意义）的几种最基本用法和意思，不仅说明了“意义”含义的复杂，也提出了语言学中的语言意义的问题。

总体而言，意义是人对事物赋予的含义，是人类以符号形式传递和交流的精神内容，意图、意象、价值等都包含在意义范畴之中。

（二）语义

语言由语义和形式两大要素构成。就语义而言，广义上，语义体现人类的思想和思维，如果没有语义，人们也就无法相互沟通、理解和交往。狭义上，语义可指词（或词组）和句子所表示的语言本身的意义，即词义和句义。

词本身只是一种符号，许多词只有“有所指”以后才有词义。所指（reference）关系是语言与周围世界的关系。通过所指，谈话者可以表明他在谈论世界上哪些事情（包括人）。也就是说，只有语言符号与所指事物建立起某种联系后，符号才有意义。一个表达形式（如词、句子等）的语义就是这一表达形式与该种语言的其他表达形式在系统语义关系中的位置，这与“所指”不同。因为一个表达形式的语义并不是一个事物，所以这种语义的真实含义并不像“所指”那样容易理解。语义是一种抽象的事物，每个有词义的词都有语义，但并不是每个词都有所指称的事物。

概念说认为，词义所对应的是人们主观意识中的概念，每一个词在人的头脑里存在着一个与之相联系的概念，并通过人的思维建立起词与意义的联系，用词语的概念意义联系起现实世界中并不存在却能够在抽象世界中加以描述的被指物。它可以解释那些无法命名或难以做出恰当指称的一类词。

在相同的语言环境中，人们能够理解所听到的或读到的由一串串表达意义的词组所组成的句子，也能说出或写出由一串串表达意义的词或词组所组成的句子。人们掌握一门语言必须懂得它的每一串词连贯的“约定俗成”的意义，并知道如何把这些有意义的单位组合成更大的“意义”单位。

而语义学就是研究意义特别是研究语言意义的学科，语义学可以研究某种语言意义的构建方式并区分不同种类的意义，也可以研究单个词的词义或句子中的词际意义等。

第二节　英语语用学

20 世纪 30 年代出现了“语用学”这一术语，但直到 20 世纪六七十年代，它才成为一门独立的学科。语用学是一门研究语言或语言符号与其解释者之间关系的学科。近年来，语用学发展较快，其研究议题与范围也逐渐扩大。研究语用学有利于丰富语言学理论。

一、会话含义理论

会话含义理论是由哲学家格赖斯于 1967 年在哈佛大学讲座中提出的。“会话含义”指听话者根据语境或者上下文进行推理而获得的字面含义之外的深层语用意义，即人们平时所说的“弦外之音”或“言外之意”。会话含义理论的提出对于语用研究发挥着非常重要的作用。①

（一）合作原则

合作原则是解释会话含义的理论，因此有必要先对合作原则进行介绍。合作原则可分为质准则（Quality Maxim）、量准则（Quantity Maxim）、关系准则（Relation Maxim）、方式准则（Manner Maxim）。

1. 质准则

质准则是对说话人话语在真实性方面的限定，它要求说话人要实事求是地讲话，不说不真实的或没有根据的话。

质准则包括两条次准则：不要说自认为不真实的或虚假的话语或信息；不要说缺乏足够证据的话语或信息。② 例如：

Smoking is hazardous to one's health.

说这句话的人如果真的认为吸烟有害健康，且通过实例进行了说明，则遵守了质准则。

格赖斯认为，质准则不能违反，一旦违反就是说谎，是道德所不允许的。

这里的“真实”其实是比较难以权衡的标准。有时，由于说话人受自身认知、交际环境等因素的限制，说话人认为真实的话语未必是事实。尽管这样，说话人还是要遵守质准则，因为本意实际上朝着该原则靠拢。

2. 量准则

量准则对说话人的话语中的信息量做了规定，要求说话人应将听话人想知道的话语或信息全部说出来，不说听话人没有要求的话语或信息。也就是说，说话人发出的话语应详略得当，不能太多，也不能太少。

量准则包括两条次准则：所说的话语应包含为了实现交际目的所需要的信息；所说的话语不应超出交际所需的信息，既不要提供额外的信息，也不要少提供信息。例如：

A：How many sons does Mrs. Green have?

B：Mrs. Green has three sons.

A 想知道 Green 太太有几个儿子，B 回答三个，提供了 A 想知道的全部信息且并无多

---

① 唐瑞. 会话含义与跨文化语用交际［J］. 商情，2020（36）：280.

② 何自然. 语用学十二讲［M］. 上海：华东师范大学出版社，2010：64.

余信息，遵循了量准则。

3. 关系准则

关系准则要求说话人所说的话语和信息应与交际的主题存在一定的关系。例如：

A：Where does Robert live?

B：He lives in New York.

A 问的是 Robert 住哪里，B 回答“他住在纽约”，遵循了关系准则，可以使 A 轻松、快速地获得所需要的信息。

4. 方式准则

方式准则强调“怎么说”，即说话人要将话语和信息表达得清楚、明白。

方式准则包括四条次准则：话语应避免晦涩；话语应避免歧义；话语应言简意赅，避免啰唆；话语应井井有条。这四条次准则解释了人类交际行为中存在的规律，也是人们顺利交际的保障。

（二）会话含义的种类

含义包含会话含义与规约含义两类。会话含义与规约含义既有相同点，也有不同点。

二者的相同点是会话含义与规约含义的话语构成是基本相似的，即都包含词语语义初值和词语语义附加值两部分。

二者的不同点体现在以下两个方面：

第一，规约含义依靠直觉就能对其把握，对于外在语境因素则不需要考虑，而且不具有语用意义。

第二，会话含义是受外界语境制约和影响的，通常相同话语在不同语境中才可能产生不同意义。

格赖斯分析了含义的两个层面后，从语境层面对会话含义做了进一步的划分，将其分为一般会话含义与特殊会话含义。

1. 一般会话含义

一般会话含义是说话人在遵守合作原则中的某一准则时，其发出的话语一般具有隐含的意义。但会话含义的推导往往无须考虑语境，只与某一语言形式相关。例如：

Michael meets a woman.

迈克见到了一位女士。

这句话的隐藏含义为：那个见到的女士不是迈克的妻子、母亲、妹妹等熟悉的人或朋友，而是一个陌生人。这一含义是正常情况下具备的，无须通过语境推导。

2. 特殊会话含义

特殊会话含义指的是在交际中，交际方违反了合作原则中的某一准则，使对方不得不依靠语境去推导真实的话语含义。特殊会话含义一般是根据特定的场合、时间、地点、人物等而进行的一种判断。

推导特殊会话含义一般应依据下面两个步骤进行：

第一步：在特定的语境中，交际双方要假设彼此是在遵守合作原则的基础上进行的交谈。

第二步：说话人故意违反合作原则中的某一准则，而听话人可以根据合作原则对说话人所传递的特殊会话含义进行推导。可见，听话人要想正确理解话语传递的真实含义，就需要了解其特殊的语境知识。例如（以中文为例）：

（语境：女儿买东西回来后，爸爸问起所买的东西。）

爸爸：该买的都买了没有？上次吃的那个水果罐头买了没？女儿：哦，我买了水果。

在本例中，女儿购物回来，爸爸向女儿询问是否给他买了上次吃的水果罐头，女儿理应回复“买了”或“没买”，但是女儿的回答是“我买了水果”。据此，爸爸可以认定女儿一定是希望他能够得知这样的隐藏含义，即“没有说的就是没有买的”。可见，女儿的回答违背了合作原则中的关系准则，传递了话语的特殊会话含义，即女儿可能认为吃水果会比水果罐头更好、更健康，因此选择买水果替代水果罐头。

特殊会话含义的生成离不开说话人违反合作原则中的某一准则。一般会话含义与特殊会话含义不仅在类别上有差异，在语言使用者调配语言资源的策略上也有差异。

（三）会话含义的特点

格赖斯认为，会话含义有如下五个特点：可废除性、可推导性、非规约性、不可分离性、不确定性。

1. 可废除性

可废除性指话语的会话含义一般会随着语境的变化而发生改变，即话语本身所具有的会话含义可以被废除、被否定、被取消。

废除会话含义的方式有很多。例如，说话人在原话语中附加一个词语、分句或结构，暗示或表明自己要废除原话语的会话含义；话语的会话含义还可能在特定语境中被废除。

2. 可推导性

会话含义具有可推导性，指的是听话人在特定的语境条件下，根据话语的字面意义以及合作原则的各项准则可以推导出其会话含义。

3. 非规约性

在话语交际中，一般是先有字面意义，接着才有会话含义，并且会话含义与字面意义不同。

非规约性是指会话含义并不是话语的规约意义，而是根据合作原则、话语的字面意义和语境来推导的。

此外，话语命题的真假对含义的真假没有影响，反之也是如此，这也体现了会话含义的非规约性特征。

4. 不可分离性

不可分离性是会话含义依附于话语的语义内容，而不是话语的语言形式。也就是说，会话含义不仅仅依附于话语中的词汇、句子，还需要依附话语中的语境信息及其内容。因此，换用同义语不会使原来的会话含义发生改变，即使话语的某些形式改变了，但会话含义不会从话语整体中分离出来。

5. 不确定性

不确定性是会话含义的特点之一，是指同一话语或同一结构受不同语境条件的制约，其产生的会话含义也不同。例如：

You have done a good job.

你做得很好。

这句话既可以是说话人对听话人的赞赏，也可以是说话人的讽刺之语，是对听话人的批评。可见，会话含义具有不确定性，语境会直接影响会话含义推导。

二、言语行为理论

（一）奥斯汀的言语行为理论

言语行为理论（Speech Act Theory）最初由牛津大学哲学家奥斯汀（Austin）创建。其言语行为理论主要包括以下内容：

1. 表述句和施为句

奥斯汀认为，表述句是表达所述之言的句子形式，作用是以言指事、以言叙事；施为句是表达有所为之言的句子，作用是以言行事和以言施事。

表述句的主要功能是对某一信息进行描写、陈述、报道。人们在使用表述句的过程中会受到逻辑关系、语义关系等条件的限制。表述句有一定的真假之分，但总体上看，表述句的真假是为了达成整体的交际目的。

在语言交际过程中，施为句呈现出以下五个特征：

第一，使用一般现在时。

第二，用第一人称单数形式做主语。

第三，常用直陈式主动语态。

第四，当施为句中出现副词“hereby”（特此）时，可以检验出某一个动词是不是施为动词，也可以看出这个词所在的句子是不是施为句。

第五，施为句中常常带有明显的施为动词，这些施为动词所产生的作用是描述或命名说话人当时正在进行的话语行为。例如：

I hereby declare the Olympics open.

我宣布奥运会开幕。

动词“declare”是施为动词，因而上述句子是一种施为句，宣布奥运会开幕这一行为与说话人说出话语同时发生，表达了一种以言成事的作用。

施为句的使用为了达到某种特定的言语行为效果，应满足下面的条件：

第一，施为句的使用需要一些常规程序。

第二，施为句在实施特定的程序时，其语境下的人物和条件必须是恰当的。

第三，施为句的施行程序应由交际双方正确地、完善地执行。

第四，施为程序的实施是交际者为了实现自己的交际意图而做出的，其话语的提出需要对听话人产生影响。

根据交际目的的不同，施为句可以分为以下三类：

第一，显性施为句（explicit performatives），主要通过陈述的表达形式来直接表达自己的交际意图，一般会带有明显的施为动词。

第二，隐性施为句（implicit performatives），没有施为动词也可以表示出“言之所为”。要达成交际目的，需要依托一定的语境。

第三，内嵌施为句（embedded performatives），在运用过程中通常需要使用施为动词。施为动词在句子中并不是动词的主要形式。

2. 言语行为三分说

表述句与施为句的划分克服了逻辑—语义真实条件分析的一些不足。随着研究的逐渐深入，奥斯汀发现了施为句理论的缺点。此外，有些句子只是直接给听话人带来某种结果或强调对听话人的影响，所以既不属于表述句，也不属于施为句。①

据此，奥斯汀修正了自己的观点，提出了更为成熟的言语行为三分说，即将言语行为分为三个层次：以言指事行为、以言行事行为、以言成事行为。这三个层次并不是三个不同的行为，而是一个统一的整体。

（1）以言指事包括发出声音以及组成有意义的词语。发出声音，并不意味着可以组成词语。奥斯汀认为，猴子可以发出类似“go”的声音，然而这并不能说明它会讲英语单词“go”。但是，发出声音是组成词语说出来的前提。

（2）以言行事或称“以言施事”，从以言指事与以言行事二者的关系来看，以言指事一般可以同时是或本身就是以言行事。需要注意的一点是，“能以言行事的言语行为首先必须是一个以言指事行为，但以言指事行为却不一定都能做到以言行事”。②

（3）当说话人表达出其用意后，就有可能产生“言后之果”，也就是达到以言成事，可能会给听话人或第三者带来影响。

言语行为三分说的提出使奥斯汀对言语行为理论的研究有了新的发展。

（二）塞尔的言语行为理论

1. 实施言语行为的规则与条件

塞尔（Searle）认为，言语行为是一种“以言行事”的理论，该理论在人们的使用过程中必然会受一系列规则的制约。为此，塞尔认为，言语行为的实施需要注意两条规则：调节性规则与构成性规则。③

在语言交际过程中，调节性规则并不是硬性规定，其作用是用来限制人们所形成的新的言语行为。调节性规则一般采用的是“应做X”，或“如果Y，则应做X”的形式。

构成性规则具有明显的固定性特征，强调未来或新的言语交际行为，但前提条件是不能对现存的言语交际行为造成影响。

2. 间接言语行为

塞尔还提出了间接言语行为，这是其对言语行为理论的发展做出的另一个重要贡献。

---

① 张子豪. 奥斯汀言语行为理论的哲学背景考察［J］. 北方文学，2019（2）：223-224.

② 何自然，冉永平. 新编语用学概论［M］. 北京：北京大学出版社，2009：156.

③ 武晓菲. 试论塞尔的言语行为理论［J］. 读天下（综合），2021（6）：256，258.

间接言语行为理论是指使用间接的方式表达言语行为。例如：

We can’t hear clearly.

我们听不清楚。

该句采用间接的方式表达了自己的请求，在一定语境的作用下，听话人能了解说话人的需求，达到了以言成事的效果。

间接言语行为理论是基于以下四个假设提出的：

（1）显性施为句或明显的以言行事可通过施为动词判断说话人的语用用意。

（2）很多语句其实都是隐性施为句。

（3）语句本身表达的类似言语行为称为“字面用意”，它与间接的“言外之力”（语用用意）相对，且“言外之力”是基于字面用意推断出来的。

（4）间接言语行为包括规约性间接言语行为和非规约性间接言语行为。

三、礼貌原则

（一）莱考夫的礼貌观

莱考夫（Lakoff）是最早研究礼貌的西方学者之一，他圈定了礼貌研究的基本范畴，主要体现为三种说话人应遵守的礼貌规则：不强加于人；给对方留余地；增进相互之间的友情。①

1. 不强加于人

不强加于人的礼貌规则要求说话人尊重对方的意愿。在言语交际过程中，说话人一般会避免违背对方的意愿行事，为此，说话人往往会采用缓和自己说话的方式，或采用征求意见或道歉的方式等。

该规则适用于交际双方的权力与地位不均等的情况，如上级与下级之间、学生与领导之间等。

2. 给对方留余地

在言语交际过程中，说话人应注意到对方可能会不接受自己的意见或请求，因此说话时应把握好度，给对方留有余地。

这一规则适用于交际双方的权力与地位平等，但社交关系并不那么密切的场合，如商

---

① 连慧慧. 莱考夫的概念隐喻与认知［J］. 民间故事，2021（23）.

人与顾客之间等。在这种情况下，说话人向听话人提出建议或劝说听话人做某事时，说话时往往会采用缓和性的方式，给听话人留有选择的余地，使听话人感觉自己可以自行选择是做还是不做，且并非一定要使说话人的愿望得到满足。例如：

Maybe you should put on the purple dress.

也许你应该穿那件紫色的连衣裙。

在本例中，通过使用含有“maybe”的语用缓和结构大大降低了话语的强加度，给对方留有选择的余地，易于对方接受。

就话语选择策略而言，说话人在请求或陈述时，通常会选择间接、模糊的表达方式，隐含字面意义之外的信息，使听话人更容易接受。

3. 增进相互之间的友情

这一规则要求在言语交际过程中，说话人不能以自我为中心而忽视对方的感受。该规则通常适用于社会距离较为亲近的交际双方，如亲密的好友之间，甚至是恋人之间。例如（以中文为例）：

（语境：妻子正准备给孩子洗澡，丈夫忙着做饭，手忙脚乱。）

丈夫：快帮我拿点胡椒粉，厨房里没有了。

妻子：你没见我忙着吗？真是的。

丈夫：亲爱的，你看，谁让你是厨房里的专家呢！快快快……

妻子：哼，就是嘴好。稍等，我马上去拿。

在对话中，丈夫通过使用“亲爱的”这一称呼拉近了与妻子之间的情感距离，通过使用“厨房里的专家”将妻子某一方面的技能特长突显出来，给足了妻子面子，符合“增进相互之间的友情”规则。

这三条规则体现了礼貌研究的经验性和科学性特征。

这套礼貌规则存在不足之处。首先是莱考夫没有提及人们在谈话时会违反该规则，也没有对说话人故意违反某一规则的原因进行介绍。此外，他也没有论述违反这些规则可能产生什么样的结果。

（二）利奇的礼貌观

20 世纪 80 年代初，利奇（Leech）提出了指导人类会话交际活动的礼貌原则（Politeness Principle）及其六个次准则，具体如下：

1. 策略准则

策略准则要求人们在言语交际中尽量减少对别人的损失，多使别人受惠。

2. 慷慨准则

慷慨准则要求尽量将自己的利益降到最低点，使自己受到的损失最大。

慷慨准则与得体准则是一对姐妹准则，二者的区别在于出发点不同，慷慨准则以说话人为出发点来判断礼貌程度，而得体准则以听话人为出发点来判断礼貌程度。

3. 赞誉准则

赞誉准则要求尽量减少对别人的贬低，多赞扬别人。

4. 谦虚准则

谦虚准则要求尽量少说自己的好话，多贬损自己。

5. 一致准则

一致准则要求尽量缩小自己和别人的分歧，多说一些同意别人观点的话。

6. 同情准则

同情准则要求尽量减少对别人的漠视，多说同情别人的话。

以上六条准则是礼貌原则的基本内容，是在人际交往中双方应遵守的原则。

但是，人们并不是在所有的场合中都必须遵守礼貌原则，在特殊的语境中如意外事件、紧张工作或激烈争辩的场合，可能会以话语内容或交际信息为主，此时礼貌原则处于次要地位。①

（三）布朗和莱文森的面子论

20 世纪 70 年代后期以及 80 年代，布朗（Brown）和莱文森（Levinson）提出并修正了自己的礼貌论和面子观。在布朗和莱文森看来，礼貌是一种影响交际效果的交际策略。他们从面子以及面子威胁的视角对礼貌策略进行探究，有利于加深学界对礼貌现象的理解，与此同时，将言语行为与礼貌结合起来，确保社会语用学研究不脱离语言本体。②

1. 面子论概述

布朗和莱文森意识到如何采用不同的语言形式将不同的社交表达出来。他们从面子、威胁面子的行为、礼貌策略层面对礼貌的普遍性进行了论述，概括如下：

其一，礼貌的普遍性与面子的分类、行为条件、知识条件。

---

① 张琼. 论制约利奇“礼貌原则”适用性的因素［J］. 海外英语，2021（9）：262-263.

② 史晓伟. 从文化差异分析布朗和莱文森的礼貌行为模式［J］. 阴山学刊，2002（3）：19-22.

其二，礼貌的普遍性与言语行为中的面子威胁性。

其三，礼貌的普遍性与面子威胁行为的缓和、消除。

（1）礼貌的普遍性与面子的分类、行为条件、知识条件

根据布朗和莱文森的观点，礼貌是典型社会人为了使面子需要被满足而采取的一系列理性行为。

礼貌的普遍性析出的三个命题分别与面子的分类、行为条件以及知识条件相对应。

①在分类上，面子有正面面子与负面面子两种，这一点具有普遍性。

②在行为条件上，为了满足对方的面子需求，通常会采取理性交际，这一点具有潜在的普遍性。

③在知识条件上，采取理性交际的双方存在共知，这一点具有普遍性。

在布朗和莱文森看来，可以从感情入手来对面子进行投资，同时面子随时都可能失去，这就要求交际双方应对其进行照顾与维持。面子指的是个人在社会公众心里的个人形象。

面子包含两种：正面面子与负面面子。正面面子指的是希望得到别人认可、喜爱、认同等有利于自身的反馈的心理需求。如果这些得到满足，正面面子就得到了维护。[①] 相对来说，负面面子则指拥有自主的权力，拥有个人行事的自由，自我行为不受他人干涉。如果这些得到满足，负面面子就得到了维护。

在言语交际中，为了降低交际风险，促使交际顺利进行，交际者要注意尊重别人的正面面子，同时不能忽视别人的负面面子。

（2）礼貌的普遍性与言语行为中的面子威胁性

依据布朗和莱文森的观点，在日常交际中，很多行为如提议、建议、命令等都可能对面子构成威胁。也就是说，有些言语行为与听话人的面子需求是相反的，可能会威胁交际双方的面子，可能是正面面子，也可能是负面面子。

①威胁说话人的正面面子

下面这些言语行为可能会威胁听话人的负面面子。

第一，言语涉及必须接受或使听话人有负债感的言语行为。

第二，言语涉及说话人抱有一种愿望，让听话人觉得自己有义务使说话人的愿望得到满足。

① 何自然. 语用学十二讲［M］. 上海：华东师范大学出版社，2010：94.

第三，言语涉及听话人将来需要完成或执行的动作。

②威胁说话人的负面面子

下面这些行为可能会威胁说话人的负面面子：

第一，说话人接受提供；第二，说话人对听话人表示感谢；第三，说话人接受听话人的道歉或感谢；第四，说话人做出的承诺或提供不是出于本意；第五，说话人和听话人观点不同。

③威胁听话人的正面面子

当说话人不关心听话人的感情或不考虑听话人的需求时，就会威胁听话人的正面面子。

下面这些言语行为可能会威胁听话人的正面面子：

第一，说话人对听话人正面面子的一些方面负面评价，如蔑视、侮辱、挑战、反驳、抱怨、取笑等。

第二，说话人忽略听话人的正面面子的需求，如以一种不合作的态度吸引人注意的言语行为；提及过于夸大的消息；提及双方意见不统一的话题；提及某一禁忌话题；表示某一使对方不舒服的强烈情感的言语行为等。

④威胁听话人的负面面子

当说话人的言语行为干涉了听话人的行为自由，就会对听话人的负面面子造成威胁。

下面这些言语行为可能会威胁听话人的负面面子：

第一，言语涉及必须接受或使听话人有负债感的言语行为，如提供、承诺等。

第二，言语涉及说话人抱有一种愿望，让听话人觉得自己有义务使说话人的愿望得到满足，如羡慕、嫉妒等言语行为。

第三，言语涉及听话人将来需要完成或执行的动作，如命令、威胁等言语行为。

（3）礼貌的普遍性与面子威胁行为的缓和、消除

日常交际中的很多言语行为在本质上都会对面子构成威胁。如果交际双方的面子受到了威胁，人们一般会采取一定的策略来降低威胁程度，或消除面子威胁。交际者只有先对面子威胁行为的大小进行估算，才能缓和或消除面子威胁行为。

根据布朗和莱文森的观点，估算面子受威胁的程度应考虑三个方面的因素，即说话人和听话人之间的“相对权势”“社会距离”，以及特定文化中言语行为本身所强加的“绝

对级别”① 这些因素是礼貌调控策略的依据。

布朗和莱文森提出了一些策略来缓和或消除面子威胁行为：正面礼貌策略、负面礼貌策略、直接性策略、间接性策略以及放弃威胁面子的行为。

正面礼貌策略，指的是说话人使听话人的正面面子得到了满足，让听话人感觉自己的价值观得到对方的认可，或让听话人产生舒服的感觉。

负面礼貌策略，就是说话人部分地满足了听话人的消极面子需求，如说话模糊不清、道歉或给听话人留有选择的余地等。

直接性策略，指的是说话人不道歉、不采用调节性的措施而直接实施某种行为，或不采用补救措施，直接对对方面子造成威胁。

在对对方面子造成严重的威胁时，说话人会采取一定的手段使听话人意识到自己的行为并非故意威胁其面子的，这一策略就是间接性策略。

放弃威胁面子的行为也是避免威胁对方面子的一种策略。

如果某种行为会威胁到对方的面子，说话人可能会放弃实施该行为。

后来，布朗与莱文森意识到礼貌并不是所有语言使用的共同现象，只是语言使用过程中体现出来的局部特征，礼貌应与特定的社会文化结合起来进行研究。因此，他们后来在书中用“某些普遍性”来代替“普遍性”。

礼貌策略的研究是礼貌语言的微观研究的良好开端，对社会语用心理研究具有重要的指导意义。

2. 面子威胁行为

语用学在对礼貌进行研究时会将面子、留面子、伤面子等作为其重要内容。布朗和莱文森在系统地研究了礼貌、面子等言语交际中存在的现象后，提出了基于面子的礼貌理论，同时认为在交际时，理智的交际者具有一定的面子观，且注重维护彼此的面子。在言语交际中，如果说话人的言语行为会给听话人的面子带来威胁，这就是一种面子威胁行为。

言语交际实际上就是人们对语言的具体运用。人们只有恰当地使用语言，才能保证交际顺利进行，否则就可能导致交际失误。在交际时，说话人应考虑利益中心语用原则，根据交际的语境考虑双方的收益与受损程度，恰当选择语言，使话语更礼貌。

由于说话人通常是轮流发话，也就是说话人与听话人、信源与信宿的角色轮番交换，而“利益中心”也会发生一定的变化。

---

① 史晓伟. 从文化差异分析布朗和莱文森的礼貌行为模式［J］. 阴山学刊，2002（3）：19-22.

3. 礼貌调控策略

在日常交际中，交际双方都希望给对方留面子，但是因为在价值观、文化背景等方面有很大的差异，难免会有一些威胁对方面子的言语行为。如果不可避免地要运用面子威胁行为时，说话人应尽量降低其威胁力度，使“利益中心”更多地偏向听话人。因此，应该应用相应的调控策略。

礼貌调控策略主要有以下四种情况：

（1）使用礼貌标记词

在日常交际中，可以通过使用礼貌标记词来使语言行为更加礼貌，对面子威胁行为的力度加以调控。例如（以中文为例）：

①关门。

②你把门关上。

③请关门。

④麻烦把门关上。

①②句“利益中心”都偏向说话人，增加了听话人的损失，显得十分不礼貌，属于面子威胁行为。而③④句通过增加礼貌标记词“请”“麻烦”，表示对听话人的尊重，增加了礼貌程度。

（2）使用模糊限制词语

模糊限制词语是莱考夫在《模糊限制词语和语义标准》中提出的。他指出，模糊限制词语是将事物弄得模糊的词语或结构。① 此外，莱考夫还提出了自然语言中的概念模糊问题，且以语义学视角研究了模糊限制词语。

在语用学研究中，人们将模糊限制词语与一些语用学理论，如合作原则、礼貌原则等结合起来，用来解释日常交际中的一些语用限制。例如，在交际中，如果交际一方不可避免地要使用一些给对方面子带来威胁或伤害的言语行为，为了使交际目的顺利实现，降低面子威胁性话语的力度可通过一定的模糊限制词语进行掩饰与调控。

（3）使用语用移情指示语

语用移情，指的是言语交际中说话人从对方的角度出发，设想或理解对方的用意，最后达到双方的情感相通。语用移情的显著特征是说话人可以根据交际环境与对象选择合适的话语，从而实现交际目的。

---

① 连慧慧. 莱考夫的概念隐喻与认知［J］. 民间故事，2021（23）.

语用移情可以通过人称指示语来实现。人称指示语是交际双方在信息传递时的彼此称呼。在日常交际中，如果话语会使听话人的面子受到威胁，可使用恰当的人称指示语，充分发挥移情作用，使“利益中心”更倾向于听话人，从而提高话语的礼貌程度。

（4）增加语言的间接性

一般情况下，间接的表达方式要比直接的表达方式有礼貌。所以，增加言语的间接性也有利于降低对听话人面子的威胁程度。

总之，礼貌、面子等对言语行为及其实施具有重要的影响。在言语交际中，交际双方都应考虑“利益中心”，尽量使其倾向于听话人，提高礼貌的程度。当言语行为会使对方面子受到威胁时，应根据他的交际对象、交际场合、交际目的等采取合适的调控措施与策略。言语交际行为不仅仅是语用语言问题，还属于社交语言问题。言语交际实际上是一种社交应付，社交关系决定了说话的内容与交际中的信息，因此，为了使交际顺利进行，交际者应对双方的亲疏程度、社交距离等因素加以考虑。

（四）沃茨等的新礼貌观

沃茨（Watts）、埃伦（Eelen）认为，礼貌研究中出现分歧的原因是研究者未能对一级礼貌和二级礼貌做出区分。

埃伦强调有必要对两者进行区分，而且研究工作应当侧重于一级礼貌，建构关于礼貌的社会理论。

一级礼貌，即社会文化集体成员认识、谈论的各种礼貌行为方式；而二级礼貌则是一个更为技术性的概念，它只有在社会互动总体理论中才有价值。也就是说，一级礼貌是普通社会成员眼中的礼貌，属于常识性的礼貌概念；二级礼貌则属于一个科学概念，是研究者所认识的礼貌，即研究者对于某个特定话语的礼貌性、礼貌程度的判断和理解。

沃茨认为，礼节行为可以发生在交往之前，但是其在交往的过程中通常是可以磋商的。礼节行为是制度化话语模式再现的一个部分，不具有凸显性，很难引起交际双方注意。而礼貌行为是超出人们所认为的当前社会交往得体标准的行为。

此外，沃茨在理论研究中还关注了语境因素，并指出脱离真实言语互动语境就不可为礼貌与否做出正确的评价。

四、关联理论

1986年斯波伯与威尔逊（Sperber&Wilson）的《关联：交际与认知》一书中首次出现了关联理论。斯波伯与威尔逊对格赖斯的会话含义理论进行了批判和继承，基于认知心理学研究了人类交际的内在机制，研究的范围涉及语言学、语言哲学、认知心理学等学科。

在关联论中，“关联”“最佳关联假设与最佳关联”是两个重要概念，对其理解能更好地实现交际意图，完成交际任务。

（一）关联及关联中的几个概念

关联是关联理论中的重要概念。结合斯波伯与威尔逊对关联理论的界定，关联衍生出以下四个相关概念：

1. 关联

斯波伯与威尔逊认为：“如果并且只有一个假设在一个语境中存在语境效果，那么该假设在这一语境中就是关联的。”① 因此，存在语境效果是关联的必要条件，不存在语境效果也就不存在关联。但是，存在语境效果并不是关联的充分条件，也就是不能说只要存在语境效果，哪怕这个效果再小，也是有关联的。

在谈论关联性时，需要对关联程度问题予以考虑。语境效果不是凭空产生的，为了取得最佳语境效果，人们需要付出精力对关联假设进行处理。正如斯波伯与威尔逊所言，一个假设所产生的语境效果越强，其关联就越大；其他条件均等，为处理假设所付出的精力越大，其关联就越小。② 关联大小、关联程度通常受制于语境效果。

基于此，两位学者给关联下了一个比较的概念：“程度条件 1：一个假设在某语境中关联时，在该语境中这一假设的语境效果大。程度条件 2：一个假设在某语境中关联时，在该语境中处理这一假设所需的精力小。”③

两个比较性的概念对关联的充分和必要条件进行了规定。但是“假设”这一概念是指包含所有可疑的、虚假的、事实的信息，也就是被个体认为的代表真实世界的思想。

2. 语境效果

关联与语境效果密切相关。语境效果是指对某个语境进行改变和改善而产生的效果。

新信息与现时语境假设发生下列三种情况中的任意一种时，就会产生语境效果：

（1）加强现时语境假设。

（2）与现时语境假设产生矛盾，并打消现时语境假设。

（3）与现时语境假设相结合，产生一种语境隐含。

3. 语境及语境假设

语境效果建立在语境假设上，这个现时语境假设又称为“语境”或“背景假设”。语

---

① Sperber, D. & D. Wilson. Relevance : Communication and Cognition [M]. Oxford: Blackwell, 1986/1995: 122.

② Sperber, D. & D. Wilson. Relevance : Communication and Cognition [M]. Oxford : Blackwell, 1986/1995: 125.

③ Sperber, D. & D. Wilson. Relevance : Communication and Cognition [M]. Oxford : Blackwell, 1986/1995: 124.

境并不只是说话人话语的上下文，也不仅仅是话语产生时的情景，它还指代话语理解时所参考到的一切假设。这些假设可能来自上下文，也可能来自说话人的实地观察，还可能来自听话人的自身知识等。

语境是动态的，话语理解需要两个层面：

（1）听话人对话语进行解码，获得话语明说层面的意义。

（2）听话人围绕话语进行语境选择和语境扩展，使话语在语境中产生关联效果，获得说话人的隐藏含义。

4. 精力

关联与语境效果有很大的关系，但是语境效果需要付出一定的精力。

具体而言，精力取决于下面两个因素：

（1）为构建恰当的、合适的语境而付出想象和记忆的努力。

（2）话语本身具有心理复杂程度，复杂程度越高，所需要付出的精力就越大。

（二）最佳关联假设与最佳关联

关联理论有两条重要的关联原理。①

第一条，人类认知常与最大关联吻合。

第二条，每一个明示的交际行为都传递着自身的最佳关联假设。

第一条属于认知原理，而第二条属于交际原理。第二条涉及最佳关联假设，这一假设的内容又包含：明示刺激信号具有足够的关联，并且值得听话人付出精力来加工处理；明示刺激信号具有听话人的能力和意愿允许范围内的最大关联性。②

从这一点来说，最佳关联假设涉及听话人及说话人两个层面的关联程度问题。

威尔逊提出，一个话语要实现最佳关联，需要满足下面两个条件：

（1）取得足够的语境效果，引起听话人特别注意。

（2）在取得语境效果的过程中，不耗费听话人过多的精力。③

---

① 龙婷，蔡进宝. 关联理论与关联理论翻译观再思考［J］. 上海翻译，2020（3）：12-17.

② 潘晓瑜. 关联理论视域下隐喻的构建和理解［J］. 郑州轻工业大学学报（社会科学版），2021，22（2）：102-108.

③ 高莹莹. 关联理论研究综述［J］. 民间故事，2021（5）.

第四章 英语语言与认知

第一节 认知的概述

在英语中“cognition”的含义为“认知”，该词最初来自拉丁语“cognitio”，表达的是人类获取具体知识和学习的过程。

《辞海》（1989；1999）中关于认知的表述为：“认知是一种认识的方式，是人类认识世界上的客观事物并获取知识的一种行为。其中包括记忆、言语、知觉、学习、思维等因素。作为心理学研究中的重要术语之一，认知是心理过程的一个组成部分，与情感、意志、动机等心理活动共同组成了人类的大脑机制，从而成为人类获取知识以及能力的基础。”①

美国著名心理学家休斯敦（T. P. Houston）对认知心理学的相关定义进行了总结，得出了以下五种认识：

（1）认知属于一种信息的加工。

（2）认知是人类在心理上所展开的一种符号运算过程。

（3）认知是解决问题的一种方式。

（4）认知是一种思维形式。

（5）认知是一种典型的能动活动，该活动包含感知、想象、记忆、范畴化、概念、判断、思维、推理、语言运用等。

对于上述五个方面而言，（1）（2）属于“信息加工理论”，将人的大脑与电脑等同，这与认知语言学中认知的观念并不相符；（3）（4）将思维作为认知的核心领域；（5）则是人们从广义上理解的认知概念。

---

① 赵艳芳. 认知语言学概论［M］. 上海：上海外语教育出版社，2001：1-2.

据此可知，认知的含义既可以从广义上理解，也可以从狭义上理解。然而，不管从何种角度，人们都将思维作为认知的核心内容，认为思维形式是信息加工中的最高级形式，其形成的基础是感知觉、记忆、表象等，同时对这些形式产生一定程度的影响。

语言与认知的紧密关系是人们一直关注的对象，语言不仅是人类认知过程中的重要组成因素，而且是一种典型的认知活动。人们理解及运用语言的过程就是认知的过程，语言的发展受益于人们互动体验及认知加工整个客观世界的过程，由于人类的认知活动本身并不容易观察，因而语言就成为人们研究认知的一个重要窗口，由此形成了认知语言学的核心原则之一：现实—认知—语言。

第二节　语言与认知的关系

语言学、教育心理学等学科都十分重视对语言及认知二者关系的研究，下面就对两者之间的关系展开详细分析。

一、传统语言观对二者关系的总结

在传统的语言观念中，语言与认知的关系如下所述：

1. 自然语言具有客观的意义，这种客观意义是独立于人的思维及运用之外的，词语也具有明确、客观的语义，这种语义可以描述现实。

2. 世界上任何一种物体都具有内在特性，这种特性独立于人的思维之外，而语言就是一种可以表现物体内在特性的外在符号形式。

3. 语言作为一种体系，具有封闭性、自足性的特征。

4. 人们对语言的研究主要表现在语言的描述如何反映或等同于客观现实情况。

5. 语言与认知都是客观世界的一种直接反映形式。

在传统语言学中，语言及语言使用者都处于一种被动的状态：人类唯一能做的只是用语言真实地反映外部世界。

二、新的语言观对二者关系的总结

新的语言观提出，语言是一种开放的、依赖性的体系，十分强调人的认知能力及经验积累在理解、运用语言中所发挥的重要作用。该观念还强调语言与认知不可分割的关系，自然语言是人类智慧发展的结果，更是人类认知体系中的重要构成因素。通常而言，新的语言观提倡语言与认知之间的以下三种关系：

1. 认知能力是语言发展的基础，而语言是认知的一扇窗户。从这一层意义上讲，语言是认知的窗口，只有先认识事物，才能用语言来表达事物。可见，语言是认知能力发展到一定阶段的产物。换句话说，认知的发展要领先于语言知识，并且在一定程度上决定着语言的发展程度。简言之，认知是语言发展的基础，认知发展领先，语言的发展受认知的制约。因为人类只有首先认识了某种事物，才能使用一定的语言来表达该事物。

2. 语言在很大程度上可以促进认知的发展。皮亚杰（Piaget）是瑞士著名的儿童心理学家，他认为语言并不能包括全部认知方面的能力，更不能决定认知的发展状况，不过可以促进认知的发展。一方面，人们在语言的帮助下可以更深层次地理解与认知事物；另一方面，人们通过语言的桥梁可以实现信息及观念的交流与沟通，不断增进彼此之间的了解，从而调整、增强自己对社会的适应能力，促进认知能力的进一步发展。

3. 人类认知的成果一般通过语言来记载和巩固。人们通过直接经验和间接经验两种方式来认知自己周围的世界，对于个人而言，间接经验其实就是他人所获取的直接经验。语言可以将人的经验及认知通过记载等方式保存下来，从而得到永久传承。这种传承下来的经验，也成了后人认知世界的一种捷径。

第三节　心理语言学

心理语言学主要研究的是语言如何产生、语言如何习得、语言如何理解、第二语言如何习得等问题，并会涉及脑科学、语言教学等内容。本节就来探究一下心理语言学。

一、心理学及心理语言学

心理学主要研究的是人类认识世界、获取知识、获取技能等的心理规律和心理机制。心理语言学是心理学的一个重要分支，从认知能力、信息处理的角度对语言的学习与运用进行研究。

概括来说，心理语言学的研究内容主要涉及以下三个方面：

1. 思维与语言的关系，即到底是语言使用决定思维还是思维决定语言使用。

2. 语言习得的过程与途径。

3. 语言在思维活动中的作用。

心理语言学是研究人类个体如何获得、理解和生成语言的心理学分支，是采用实验的方法对语言行为规律进行探讨的一门学科。对心理语言学进行研究，目的是解决人类如何理解、获取、学习、生成、使用语言的问题。

对语言心理进行研究的学问有心理语言学与语言心理学之分。心理语言学主要从语言学的视角对语言使用者的心理问题展开研究；语言心理学是从心理学的视角对语言问题展开研究。下面主要就心理语言学的问题展开分析。

心理语言学的研究方法众多，其中常用的有心理测量法、统计法，这些都属于实验方法，而在言语习得等领域会采用语料库法、自然观察法。例如，斯坎特（Schachter）对以波斯语、阿拉伯语、日语、汉语为母语的不同英语学习者进行了调查，发现他们在写作文时往往会使用英语关系代词的习得情况。结果显示，以日语、汉语为母语的不同英语学习者出错率低。这就可以说明，母语与英语之间的距离与英语学习者出错率并不成正比。进一步的分析也显示，以日语、汉语为母语的不同英语学习者之所以出错率低，是因为他们本身的使用率低。

二、心理语言学的研究对象

心理语言学主要研究人理解、学习、运用语言的心理机制、心理过程、发展规律。这里主要涉及两大概念：语言与言语。

语言是人类交流思想、表情达意、传递知识的重要交际工具。语言通过语音、字形等被人们感知，其词汇是对一定事物的标示，语法规则是人类逻辑思维规律的反映。从这一意义上说，语言是一个系统。基于此，心理语言学可以被认为是对个体如何掌握和运用语言这一活动过程及心理机制的研究。

言语是人类运用语言材料、语言规则通过文字书写、口头说出或者思考的活动。言语属于一种心理现象，其具有多边性、个体性特征。在人类日常生活中，言语活动是非常普遍的交际形式，人与人之间传递信息、交流思想都需要言语的参与。从这一意义上说，心理语言学主要探讨的是人在交际活动中，作为个体的语言是如何产生、感知和理解的，以及言语活动对其他心理活动产生怎样的影响等。

心理语言学的具体研究对象包括语言的感知、理解、生成，语言的缺失，语言的获取与处理，语言的认知，语言与大脑、情绪、个性之间的关系，语言教育，语言习得等。在第一语言习得阶段，一般 1~2 岁的儿童会从前语言阶段过渡到独词阶段和双词阶段。在这段时间，当简单的独词句或双词句无法满足所见到的越来越多的事物时，儿童会通过事物之间的相似性，对所指过分扩展或扩展不足。

心理语言学对于人们如何获取语言的问题是存在分歧的，有人认为儿童语言是通过不断的学习、强化等获取的，并根据上下文概括来理解这些语言；还有学者认为人本身具备一种天生的理解力和派生力，因此儿童语言的获得完全是天生的。

三、心理语言学的研究范畴

心理语言学的研究范畴主要涉及以下两大方面：

1. 语言习得。

2. 语言使用的心理过程。

心理语言学有关这些内容的研究正是其与社会语言学不同的原因所在。社会语言学以目标的理论语言学为其研究结构，并且以目标的社会语言学为其研究功能。

不仅如此，社会语言学除了关注研究结构和功能之外，还要对过程进行研究。

就实际来看，心理语言学就是对人们语言习得和使用这一心理过程进行揭示的科学，其研究范畴具体如表 4-1 所示。

表 4-1　心理语言学的研究范畴

研究范畴	研究范畴的相关内容
语言的生理基础	语言和智力、语言进化论、大脑和认知、语言能力的遗传性、大脑和语言
心理词汇	词的基本元素、心理词汇和书本词典、心理词汇的研究方法、词汇提取模型等
语言的心理机制	记忆的功能、记忆的结构
母语习得	各种语言习得理论、儿童语言习得过程
言语产生	言语产生模型、言语失误、言语计划
言语听辨	言语听辨模型、言语听辨的研究手段、孤立的语音听辨、连续性的语音听辨
句子理解	语境中的句子理解、语言理解的性质、以句法为中心的语言理解

四、心理语言学的主要研究课题

心理语言学主要研究的是言语产生、语言习得、语言理解、语篇理解与第二语言习得的问题。下面分别予以论述。

（一）言语产生

言语产生是心理语言学研究的重要课题之一。其主要包含如下两点内容：

（1）通过“言语停顿”“言语失误”“言语障碍”所得的数据研究言语产生模型的数据，同时需要研究言语产生的具体过程及影响其产生的重要因素。

（2）通过人们在“语音特征”“音素段”“词素”“短语”“单词”五个层面的语言行为及对言语者所呈现的“言语失误”现象进行分析，来获取言语产生的语言单位。言语产生过程中的“言语失误”主要表现在词汇组织、言语计划、口误等方面。

例如，有研究发现，儿童出生之后的两年间，是对音和词进行区分的最好时期。六个月的时候会对第一语言的元音产生感觉，九个月之后能够听出语言中特有音的组合，但是不能辨别外语辅音。即使能够听到外语的音，也会将自己听到的音按照自己已有的语音辨别单位来辨别。

（二）语言习得

语言习得不仅是心理学、语言学共同关注的话题，也是心理语言学重点研究的课题之一。其主要研究的是语言发展的研究方法、儿童语言词汇及句子的学习和理解、语言的交际用途、儿童语言习得理论等。下面就选取其中重要的内容展开分析。

人类对语言掌握的假说大体上可以分为两种：一种是先天习得论，另一种是后天学习论。前者认为人主要是依靠先天因素学会语言的，其学会的条件就是与语言环境的接触，教学起不到什么作用。后者认为语言是依靠后天学习而获得的，通过学习掌握了母语、第二语言，因此又称为“学得”。“学得”理论的假说有很多，常见的可以归结为以下两种：

第一，联结论。这一理论最有名的学说是巴甫洛夫（Pavlov）的条件反射说、斯金纳（Skinner）的刺激—反应说。

第二，认识论。这一理论最有名的就是格式塔理论、皮亚杰的认知发展论。这些理论认为学习属于一种认知活动，必须建立在理解的基础上。

（三）语言理解

语言理解是心理语言学集中讨论的话题，其主要包含言语感知、词汇提取以及句子加工。

（1）言语感知主要涉及七个层面的内容：①言语感知的条件；②言语感知的手段；③元音、辅音的听辨；④言语信号的产生和语音的声学特征；⑤书面语言的感知；⑥连续性的语音听辨；⑦言语感知模型。

（2）词汇提取是指说话人说话时从自身词汇中选取单词的过程，其主要研究的四大层面是：①词汇的基本元素；②心理词汇的基本研究方法；③影响词汇提取的主要因素；④词汇提取的主要模型。其中词汇提取的模型研究，到目前为止主要有串行搜索模型、并行提取模型。这些模型的出发点在于：一个词的最终理解是以信息的输入→特征→字母→单词的递增而联结的。

（3）句子加工主要研究的是句法加工、句子结构的性质、句子分解的模型、句子分解和句法的模糊性等层面的内容。心理语言学家认为，人之所以能够对语言进行理解，是因为信息接收者和信息输出者的心目中存在一种“约定”，这一约定就是语法规则。但是，对句子理解并不是这么简单的，这里需要将句子的表层结构与深层结构考虑进去。对于“太冷了”这句话，如果所处的语境不同，其深层含义必然也不一样。

（四）语篇理解

语篇理解主要包含语篇连贯、理解策略、语篇记忆、语篇处理。

1. 语篇连贯与理解策略的研究

由著名学者韩礼德与哈桑（Halliday&Hasan）提出的“上指”（anaphora）和“下指”（cataphora）逐渐成为语篇连贯研究的一大主体。① 在语篇理解策略的研究层面，著名学者克拉克与海威兰德（Clark&Haviland）提出的语言信息的已知/未知策略、搭桥策略、直接匹配策略等成为对语篇理解进行讨论的重要线索。

2. 语篇记忆的研究

由学者巴特莱特（Bartletl）提出的有关人类认知系统的“组织计划构架”给心理语言学有关语篇记忆的研究带来了重要影响。在他看来，记忆是活跃的、有计划的和创造性的。就语篇的记忆而言，“命题”与“推理”是研究的中心。心理语言学家认为，不仅仅话题的辨认和句子的组合与语篇记忆有紧密关系，语篇理解也对语篇记忆有重要意义。

3. 语篇处理的研究

在语篇处理的研究中，语篇处理模型（discourse processing model）成为对语篇理解研究的中心话题。而语境模型（context model）、建构与整合模型（construction-integration model）等，都从不同的角度对语篇理解的过程进行阐释。

（五）第二语言习得

心理语言学在关注第一语言习得的同时，对第二语言习得也是非常关注的。第二语言

① 张华. 对韩礼德和哈桑词汇衔接理论的教学评价［J］. 黑龙江教育学院学报，2018，37（3）：123-125.

习得（Second Language Acquisition）指的是人们的第二语言的形成和发展的过程，其与第二语言的学习是存在区别的。因为第二语言习得侧重于在自然环境下无意识的习得，而第二语言学习侧重于课堂环境下有意识的学习。

第二语言习得理论作为一门独立学科形成于 20 世纪 60 年代末 70 年代初，其研究目标是探讨第二语言习得的本质和习得的过程，描述学习者如何获得第二语言，并解释他们能够获得第二语言的原因。第二语言习得理论最为著名的就是克拉申（Krashen）的理论。[①] 下面就来重点分析克拉申的五个假设。

1. 习得—学得假说

习得指学习者无意识地、自然地、不自觉地学习语言的过程。学习者通过习得能获得语言知识和语言能力。

学得指学习者有意识地、正式地、自觉地学习语言的过程。学习者通过学得能获得语言规则。

习得与学得的区别如表 4-2 所示。

表 4-2　语言的习得与学得的不同

	习得	学得
输入	自然输入	刻意地获得语言知识
侧重	语言的流畅性	语言的准确性
形式	与儿童的第一语言习得类似	重视文法知识的学习
内容	知识是无形的	知识是有形的
学习过程	无意识的、自然的	有意识的、正式的

2. 自然顺序假说

克拉申提出了自然顺序假说，说明习得语言结构是有一定次序的。该假设认为，一种语言的语法规则或结构是依据特定的、可预知的顺序而习得。在第二语言（外语）学习中，这一情况也是适用的。

克拉申常引用的词素习得顺序如图 4-1 所示。

① 李博琳. 克拉申“语言输入假说”综述［J］. 海外英语，2021（12）：103-104.

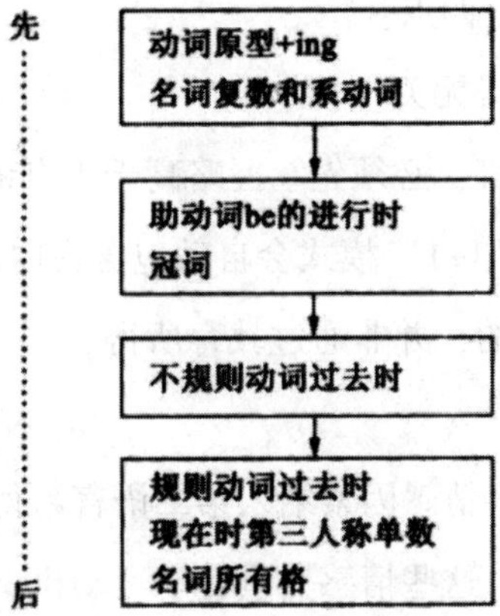

图 4-1 词素习得顺序图

由图 4-1 可知，在把英语作为第二语言学习的过程中，儿童与成年人对进行时的掌握通常都比对过去时的掌握要早，对名词复数的掌握比对名词所有格的掌握要早。

但是，在克拉申看来，教师在制定教学大纲时，无须将自然顺序假说作为依据。实际上，如果外语教学的目的是使学生习得某种语言能力，那么教学的实施不必依据任何语法顺序来进行。

3. 监控假说

克拉申的监控假说将习得与学得在二语能力发展中的作用区分开来。前者用于语言输出，培养自己的语感，在交际中说出流利的语言；后者用于语言监控，即监控学习者的语言输出过程，以检测出在交际中学习者是否运用了准确的语言。

克拉申还指出，学得的监控作用有限。① 其监控要受到以下条件的限制：

（1）具备足够多的时间。

（2）对语言形式而不是语言意义进行关注。

（3）对语言规则有大致的了解。

基于这些条件，克拉申根据监控力度的不同将学习者分为三种类型：一是监控过度的学习者；二是监控不足的学习者；三是监控合理的学习者。

4. 输入假说

克拉申指出，学习者要想获得“可理解性输入不能太难，也不能太简单”。

可理解性输入的公式为“3+1”，其中“3”代表学习者现有的语言能力，“1”代表略高于现有语言能力的信息。

---

① 郭晓丹. 克拉申输入假说理论研究［J］. 海外文摘·学术版，2018（11）：15-18.

输入假说的内容主要有以下四点：

（1）与习得有关系，与学得无关。

（2）学习者要习得第二语言，必须先掌握略高于现有语言水平的语言规则。

（3）当进行理解输入时，“3+1”模式会自动包含在内。

（4）语言能力是自然形成的，并非通过教育所得。

5. 情感过滤假说

克拉申的情感过滤假说是将情感因素纳入第二语言习得的理解中，认为情感变量会对第二语言习得产生一定的影响。这些情感变量有学习动机、自尊心、自信心、焦虑感等。

第四节　认知语言学

认知语言学兴起于20世纪80年代，很多学者从不同的角度对其展开了分析和研究。虽然角度不同，但达成了一个共识：认知语言学主要是对语言与人类认知之间的关系、语言与人类基于经验而形成的知识体系之间的关系进行探索，从而更深层次地了解语言现象存在与发展的理由。

一、认知语言学的定义

认知语言学将人类运用语言的过程看作一种认知行为和活动，以人作为根本出发点来研究语言的意义、形式、规律等方面，强调人类的认知能力在活动中的参与作用，认为语言并不能直接反映客观世界，在语言与客观世界之间有一个中间层次存在，这个中间层次就是认知。

二、认知语言学的定位

认知语言学的研究取向自然是值得肯定的，其对语言规律的揭示便于我们在高层次的理论建构中合理地纳入认知因素，在语言教学和词典编纂中整理和利用语言中表现或蕴藏的认知价值。

但是，以一种取向否定另一种取向是不可取的，而且自身的理论取向也需要在更多的参照系下进行审慎考察——在它挖掘认知价值的同时也有可能形成新的遮蔽，比如对语言逻辑的离散性、层级性、递归性的遮蔽。

很多语言学科的研究对象都只是客体，而认知语言学把存在于人这一既是客体又是主体的成分纳入语言研究中。对语言形成和理解的经验解释是一种有益的尝试，尤其是概念的形成、词汇化生成、意义的推导，甚至意义的创造也是非常具有说明性的。

然而，主观因素很重要，但它们应该做得恰到好处，它们必须有条件和限制，不能被夸大。这样做主要是基于两个原因：首先，语言的起源和发展不能成为外在因素。如果是这种情况，那么句法语言和语义之间的关系将无法分离，正如认知语言学所证明的那样。认知语言学否认句法语义的不可分离性，但它又不得不承认句法和语义不是一个概念，所以其本身是矛盾的。这种否认和承认似乎是辩证的，但我们无法从逻辑上验证它。其次，由于主观因素，语义肯定不是固定的，但它们的不确定性是相对的，因为语义有其客观的一面，甚至语义理解也不是完全随意的。

不确定性的结论是片面的——不确定性仅限于内容而不是扩展。在上述两点的基础上，我们可以得出以下结论：如果我们夸大主观性而忽视客观性，夸大外部原因而忽视内在原因，那么对于语义的理解无疑是局部的，甚至是逆转的。

要从事科学研究，遵守相同的逻辑规律是非常重要的。语义对语言很重要，但它最终不等于语言，而且没有同一性。

第一，从共时角度看，语言是具有内在逻辑的表征系统的集合，语义也受其限制。认知语言学是基于经验对语言的驱动力和语言形式内容的自我强调。

第二，从历时角度看，尽管我们接受语义驱动的观点，但认知语言学很难完全解释语言之间的主要差异。例如，在人类认知模式的情况下，人类语言是具有多种意义和含义的组合，并且每种个体语言具有自身的特殊规律和不同的规则组合。

第三，语义和语法是共生关系，没有顺序，所以如果确定一方将决定另一方会是一个循环论证，那么用一个假设就不可能实现推翻另一个假设的目的。

认知语言学的方法论是否更可取呢？归纳固然重要，但由于归纳的不可穷尽性，理论的设定不能不以演绎逻辑为基础——演绎推理规定着归纳活动的目的和方向。与此相应，认知语言学强调语义在语言中的主导作用，并将其视为句法的动机。它将人类的认知能力与语言研究紧密结合在一起。在这一点上，它似乎只关注传统的语言类型。

但是，我们也可以将这一进展理解为倒退，因为就其方法而言，它又回归模糊的文学范式。具体说来，它没能悬置非语言因素，词汇和语义的研究都比较含混。当然，在当前的学术术语中，认知语言学不再与传统文学相提并论。但它有必要采用更多的参照系，虽然以泛时视角能够说明语言的表征特点和规律，但也无法颠覆语言的共时系统。此外，语言中涉及许多因素，但如果没有按照逻辑层次进行组织，并且适当地中断不相关的因素，便有悖于科学研究的理想化方法。其实，若没有悬置法则，便不可能产生科学或专业。

认知语言学派与转换生成学派都以发展普通语言学为根本指向，都想建立自己的理论体系，但是都只强调一种形式的语义和持久性，它们似乎并不一致且未经调整。事实上，形式与语义之间的关系并不是不相容的。它们是对立的、统一的、相互依存的和互动的，但研究者必须澄清各自理论的范围和相互作用。

乔姆斯基坚持本质理论和预先配置，特别强调反映人类语言本质和生产性质的句法机制。虽然认知语言学的经验解释更具心理现实性，但不管怎么样都难以解决自身的矛盾。乔姆斯基突出先验性以及根源于此的句法自主性，但他并不否认经验的作用。

他认为语言设计中最重要的三个因素之一就是经验。此外，他并没有排除使用语言的主观因素和环境因素，但他会尽可能地删除他认为与研究无关的内容，或者不是必要和充分的条件。

辩证唯物主义认为，世界是由运动的客观现实构成的，而人类对客观实在的认识具有能动性，即人类可以通过感性知识实现对事物的理性理解，也就是对其内在规律的认识。

语言也可以在主观和客观的相互作用中形成，但语言仅存在于既是主体又是客体的人类中，在其他物种中则不存在。我们非常关注其他物种的"语言"可能性，但它们的语言如何运作仍是一个谜。也许对我们来说最令人困惑的是我们自己。人类语言似乎是自然设计的密码，其解密过程真的很难并且充满了变数。

然而，尽管这种语言具有强大的生成机制，输出语言无限变化，并且它是短暂的，但我们可以将其定格，垂直切割并发现真正不存在的内容，如虚成分、空语类，从而超越错综复杂的参数系统对人类语言进行统一的解释。

认知语言学强调认知主体与客观世界的互动，只有这样我们才能真正把握我们生于斯长于斯贡献于斯的世界。但是认知语言学却否认认知主体具有先验因素。我们认为主客互动是哲学与科学的亮点，但它不应是否定先验性、经典范畴理论、模块论等的必然根据。下面，我们就以主客互动来模拟一下语法模块化的形成。

如果人类在与客观世界互动中发明了初始语言，那么我们可以合理推断：人类通过抽象概括而逐渐总结出语法，正如人能够从一个苹果加一个苹果等于两个苹果中抽象出数学式"1+1=2"一样。不过，语法比数学复杂，因为"1+1=2"映现的是苹果之类的实物，而语言的句法系统可能不存在这种意义上的映现。

其一，语法标记系统不是现实世界而是语法本身，每种语言的语法系统与另一个系统有很大的参数差异，语言之间的参数差异是无法比拟的，并且人类语法参数被分散了。

其二，语法一旦产生，它就会抵消语言的使用，从而加深人类世界的象征色彩。与语言和现实世界相关且独立的辩证法贯穿人类语言，如果这是真的，语法是一个独立的逻辑系统，比数学更复杂。由于语法是独立的，我们可以像对数学进行独立研究一样对语法系统进行独立研究。

我们大多只能给出宏观的、以点代面的评述，可是在理论建构和各个层面的应用中还存在很多问题：

①理据与意义是一回事吗？理据与意义的联系是必然的吗？

②是语义驱动句法，还是语义依靠句法来组织和传达？

③语言中有没有词类？若有，语义能否作为划分词类的标准？

④为什么语法结构因语言不同而呈现出较大乃至巨大的差异？

⑤隐喻能不能构成语言的充要条件？隐喻在语言系统中发挥什么作用？

⑥语言有没有隐形于现象下面的深层逻辑？这逻辑会不会因语言不同而有所变化？

⑦语言与语言的理解是一回事吗？我们能根据语言的理解而得出关于语言本身的结论吗？

⑧语言的单位和级阶在逻辑上是分明的吗？或者从根本上说有没有单位和级阶呢？你的结论能否得到相关理论的支持？

⑨语言的历时性研究能说明语言共时系统的特征吗？历时与共时相交对我们的符号系统具有什么根本性的意义？

⑩语法化能说明语法的结构和起因吗？语法化与语法的关系是什么？语法化在哪些层面上起作用？

以上问题，是我们探寻语言本质、语言机制等问题所必须思考的。

三、认知语言学的研究重点

认知语言学研究的重点就是与认知相关的重要概念与理论，如范畴化、识解及操作、转喻、隐喻、意象图式、心理空间等。限于篇幅，下面主要对其中的几个概念展开探讨。

（一）原型和范畴

经典范畴化理论认为原型是一种抽象表征，是从各个实例和各种次范畴中抽象出来的。[①] 它包括以下四个假设：

第一，特征是二分的。

第二，范畴是根据一组特征界定的。

第三，同一范畴内的成员地位相等。

第四，范畴之间有明确的边界。

现代范畴化理论认为原型是一个典型的例子。根据成员与原型之间的相似程度，其他成员在样本中的地位可以排出次序。相似性越大，即成为这一类的典型成员；相似性比较少，即成为非典型成员。该理论包括以下三个假设：

第一，实体是根据它们的属性加以范畴化的，但这些属性常是一个连续的标度。

第二，同一范畴内的成员在说话人心目中的地位并不平等。

第三，范畴的边界是模糊的。

（二）隐喻

传统的隐喻理论将隐喻视为一种语言现象，事实上，其不仅仅是一种语言现象，也不仅仅是一种修辞格，而是侧重于理解为人类的一种认知手段或者思维方式，这是对隐喻本质的认识和理解。下面主要从两个层面分析认知隐喻理论。

1. 三种隐喻的认知结构

（1）语义体映射与关系体映射

在认知语言学领域，表达概念意义的语义项被人们称作“语义体”。ABC 隐喻结构由三个名词性语义体构成，主要呈现方式翻译是“A is C of B”。在这种表现方式中，其将以定中结构形成的隐喻词组嵌入系表结构中，如此便形成了对主语的隐喻性描述。著名认知语言学家特纳（Turner）指出，ABC 三元隐喻结构实际上代表了一种四元关系结构，其中 A、B、C 三个项目是显性的，而 D 是其中的一个隐性项目。在这一结构中，目标域是由 A 和 C 组成的，源域则是由 B 和隐含的语义体 D 组成的。[②] 例如：

Newton is the father of physics.

牛顿是物理学之父。

对于上述例句，表面来看目标域由“Newton”（A）和“physics”（B）两个语义体构

---

① 李福印. 认知语言学概论［M］. 北京：北京大学出版社，2008：98.

② 张隆溪，马丽娟. 隐喻与翻译［J］. 亚太跨学科翻译研究，2020（1）：1-13.

成，而源域只有“father”（C）一个语义体。不过，根据莱考夫的“不变原则”，映射具有拓扑相似的特点，当源域的结构被系统映射到目标域中时，源域的认知布局应当与目标域保持一致。因此，经过对上述例句进一步推导可得出其源域中必然隐含有一个语义体D，即“child”，如此才能构成一种平衡、对称的映射结构。因而，上述例句的深层结构如下所示：

Newton is to physics what father is to child.

牛顿是物理学孩子的父亲。

而上述深层结构就是认知语言学领域中的ABCD四元隐喻结构，具体如图4-2所示。

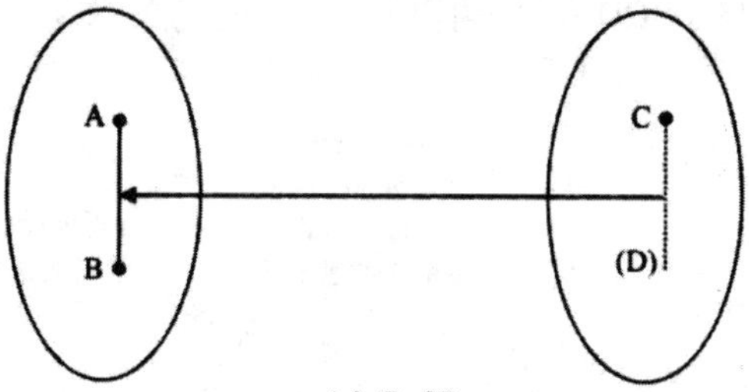

A is C of B

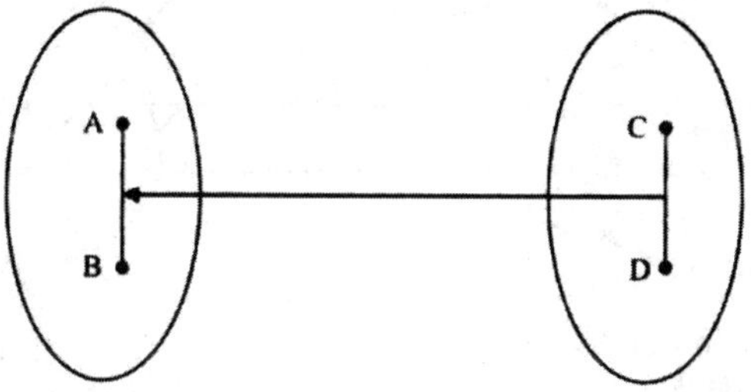

A to B is C to D

图4-2　四种隐喻结构的映射图示

通过分析图4-2可以得知，三种隐喻映射图示是不同的。图中的实心点代表的是语义体，连接两个实心点的竖线代表的是认知领域内所形成的关系体。AB结构反映的是将语义体B的特征投射到语义体A上，因而属于十分典型的语义体映射。ABC以及ABCD隐喻的拓扑结构是十分接近的，不过ABC结构中的D项在语言表达的过程中往往处于缺省状态，是一种潜在的语义体，所以在图示中就用空心圆来表示，即代表一种隐性存在形式，同时将D和B之间所形成的映射关系用虚线来表示，同样代表一种隐性存在形式。

“A is C of B”这种三元隐喻结构所体现的并不是语义体之间的直接映射，而是三种关系体之间的映射。同样以上述的例句为例，在三元隐喻结构中是将人们十分熟悉的“father”（B）这一显性项目及“child”（D）这一隐性项目之间的关系图式投射到相对比较陌生的“Newton”（A）与“physics”（C）的关系图式上。因此，人们将ABC或ABCD这种源域或目标域由关系体构成的隐喻结构称为关系体隐喻，其中各个项目所对应的映射方式就是关系体映射。与上述三元或四元隐喻结构的形式不同，AB 二元隐喻结构的源域和目标域中都是只有一个语义体，所以人们将这种隐喻结构称为语义体映射。

（2）关系体隐喻的空间合成阐释

从本质上来看，隐喻是借助一个认知经验领域来理解另外一个经验领域。当两个语义体之间不能建立直接的映射关系时，就需要依赖关系体映射在二者之间建立隐喻关系。为了深入阐释关系体映射，下面依然以“Newton is to physics what father is to child.”为例进行说明。将这一句子使用空间合成模型来展示其中所体现的关系体隐喻之间的关系，并且还可以清楚地看到 ABC 与 ABCD 这两种隐喻结构之间的关系及区别，如图 4-3 所示。

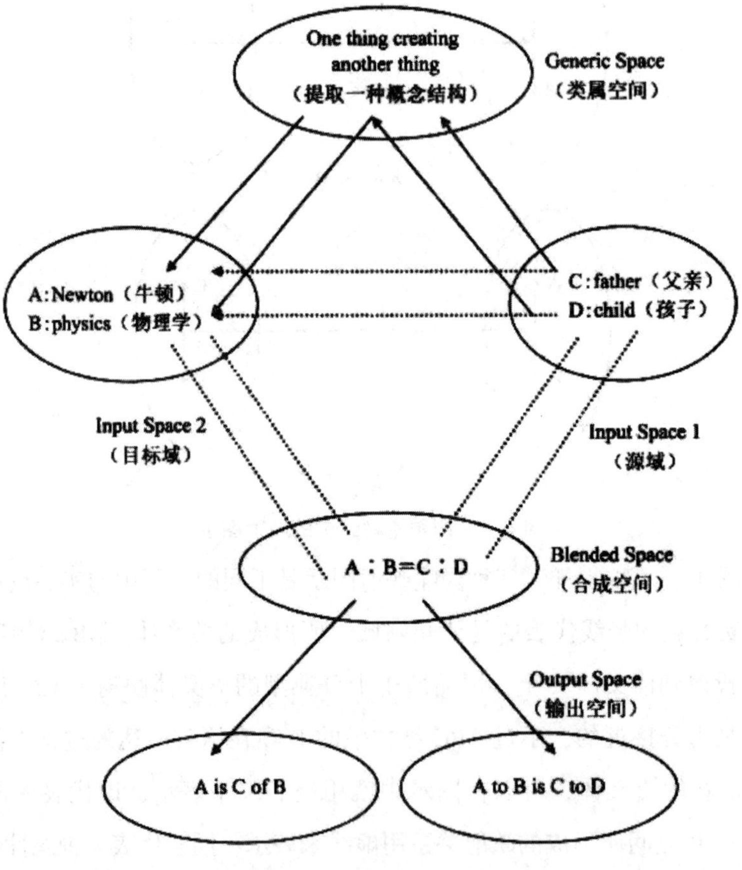

图 4-3　空间合成模型基础上的关系体隐喻关系示意图

在图 4-3 中，右边的输入空间代表的是父子之间的血缘关系，是一种源域；左边的输入空间表示的则是目标域中牛顿与物理学的创立关系；最上面的则是类属空间，其中包括两个输入空间，即源域和目标域所共有的抽象概念结构，这决定了跨空间映射的核心意义。

在两个输入空间之间的虚线箭头表示的是借助类属空间所形成的一种间接映射关系。对于上述关系隐喻的理解，首先需要从“Input Space 1”（源域）中提取一种概念结构，即“one thing creating another thing”（一个物体创造了另一个物体），然后将这一概念结构投射到“Input Space 2”（目标域）中，表示的意思就是牛顿对于物理学将等同于父辈繁衍子嗣的关系，也就是说，随后的物理学都是在牛顿所创立的物理学基础上发展起来的。

在图 4-3 的下方代表的是合成空间，这种合成空间与 AB 结构语义体映射后所合成的空间是不同的。相关学者认为，关系体映射后所形成的合成空间是一个带有逻辑性的概念关系比：A：B=C：D。① 这种关系比反映的是 ABC 及 ABCD 两种隐喻结构在本质上都是关系性类比隐喻。

父亲是任何一个人出生的必要条件，而创设人同样是一个学科创建的必要条件，整个隐喻所体现的是“2：2”的结构框架，人们在这种框架下可以顺利理解隐喻的内涵。在图 4-3 中，类属空间中所获取的概念结构具有两个输入空间的结构相似性，在合成过程中依靠“不变原则”又保证了原有概念结构不被拆散，维持了一种平衡的关系结构，从而确保了源域中的认知图式可以完整地映射到目标域中。

尽管 ABC 与 ABCD 这两种隐喻结构的本质都是借助一个关系结构来理解另外一个关系结构，不过 ABC 结构其实比 ABCD 结构多进行了一个认知缩减的过程。为了对此进行有效说明，图 4-3 中合成空间的下方增加了两个“Output Space”（输出空间），这体现了 ABC 与 ABCD 这两种关系体隐喻从合成空间到具体语言中产生的一种分化。对于这两个输出空间，右侧表示的是 ABCD 隐喻结构，在语言的形式层面上延续了合成空间的逻辑顺序，通过语言所体现的表达式为“A to B is C to D”；左侧输出空间代表的是 ABC 隐喻结构，“child”作为一种隐性认知项目参与了概念结构的提取及类属空间的形成，不过在言语表达的具体过程中该项目缺省，因而其通过语言所体现的表达式为“A is C of B”。因为“father”和“child”之间所具有的关系图式已经在人类的大脑中形成十分深刻的印象，当人们提到“father”一词时，就能迅速与“child”联系到一起。因此，源域中的隐性项目 D（child）就被人们所具有的较高的认知凸显而成为一种背景化因素，隐含到关系体的认知图式中去。可见，当源域中的两个语义体之间具有很高的关联度时，往往提及其中一个就能立刻激活另外一个语义体，从而获得完整源域的关系图式及认知结构。

---

① 刘宇红. 隐喻的多视角研究［M］. 北京：世界图书出版公司北京分公司，2011：33.

2. 三种隐喻的认知关系

(1) 关于语义体的增减

学者们经过研究后得出，ABC三元隐喻结构可以认为是ABCD四元隐喻结构经过认知简化的结果。人们使用言语进行交际时往往需要遵循经济原则，也就是说，人类交际过程中所使用的言语需要遵循以下规律的支配：

第一，能量守恒规律。

第二，追求言语效用最大化规律。

第三，言语边际效用递减规律。

需要明确的一点是，尽管经过缩减后的ABC三元隐喻结构可以还原为ABCD四元隐喻结构，但并不是所有的ABCD四元隐喻结构都可以进行简化，有些四元隐喻结构简化后就改变了本来隐喻结构所体现的意义。

(2) 隐喻的类比性

如上所述，隐喻结构中的语义体是正向逐渐增加的，即从AB二元隐喻结构到ABC三元隐喻结构再到ABCD四元隐喻结构，这种形式明显增加了人类认知方式及逻辑方式上的改变。随着语义体的增加，隐喻结构中的类比性越来越明显。ABCD四元隐喻结构的语言表达方式为“A is B what C is D”本来就是一个非常典型的类比关系式。

ABCD四元隐喻结构要求其中的所有语义项在结构上都是对称的，并且将关系性映射变为一种形式上的比较，这种认知形式在性质上与类比十分接近，而且具有更强的逻辑性。因此，有学者在对隐喻和类比进行区分时提出，隐喻可以分为暗示性隐喻和句式性隐喻两种。其中，AB二元隐喻结构及ABC三元隐喻结构显然属于该学者所提出的暗示性隐喻，而ABCD四元隐喻结构则与句式性隐喻的特征十分接近。

(3) 认知视点的选择

之所以将隐喻结构关系区分为语义体映射和关系体映射，是因为人们在分析隐喻映射时所选取的认知视点是不同的。认知视点包括语义体内视点和语义体间视点两种。所谓“视点”，是个体在观察某一事物时在心理上所采取的不同位置、方式和距离。

3. 关系体映射的本质

(1) 关系体的实质是动词性映射

在隐喻结构中，合成映射关系的关键就是类属空间中概念结构的提取。例如“Newton is the father of physics”这一隐喻结构在进入人类的类属空间过程中所提取的概念结构就是“one thing creating another thing（一个物体创造了另一个物体）”，描述的实质是一个概念性的动作过程。据此可知，关系体隐喻结构在人类的类属空间中所提取的概念结构同属于动词性事件结构。

著名认知语言学家兰盖克（1999）提出了自己的认知语法，其中他将世界的结构区分为事物与关系两大部分，并且指出语言中一般使用名词来表达事物，而使用动词来表达各种关系形式。由于 ABC 三元隐喻结构以及 ABCD 四元隐喻结构描述的是语义体之间的概念关系，因而可以对兰盖克的解释进行合理逆推。

“围棋乃智慧的体操”，在这一隐喻结构中，“围棋”“智慧”二者都是目标域中的项目，这两个项目之间是一种“improving”（提高）的动词关系，而源域中的“体操”以及隐性项目“身体”之间同样为“strengthening”（加固）的动词关系，而目标域与源域之间关系体映射的实现就体现了“improving”（提高）和“strengthening”（加固）这两个动词在动作特征以及事件属性上具有相似性，二者都包含“提高”“增强”等原型范畴的意义，体现了“improving is strengthening”（提高即加固）之间的动词性概念映射。

上述原理同样适用于 ABCD 四元隐喻结构。以“absence is to love what wind to fire”（离别对于爱正如风对于火）为例，“absence”（离别）和“love”（爱）两个词属于目标域中的项目，二者所体现的动词性关系为“ending”（终止），而“wind”（风）和“fire”（火）两个单词属于源域，二者所构成的动词性关系为“extinguish”（熄灭）。

当人们在使用“飞蛾扑火”这一成语时，表达的并不是将某个人比喻成飞蛾，将某件事比喻成火焰，而说的是某个人做某件事的行为与飞蛾扑火的特征十分相似。也就是说，将飞蛾与火之间所形成的动作关系来映射某人与某事之间所形成的动作关系，并且这两种动作关系之间具有共同的特征，即“自取灭亡”。

（2）关系框架下的认知语境

关系体与关系体之间之所以可以构成映射关系，是因为借助了认知领域内所形成的关系结构这一背景参考内容，在语用领域内，关系体所起的就是认知语境的作用。一些概念由于在经验上具有相似性而被人们划分到同一个框架中。如果两个语义体被人们经常联系到一起并且反复使用，那么这两个语义体就会被固定为一个稳定的认知关系框架。人们在交际过程中对彼此的话语进行理解时，往往会根据言语字面所提供的信息，并且利用自己已经具有的认知图式来补充言语内容和建构语境。

语词构成一定关系，一定关系又固定成稳定的框架，框架最后就会形成语境，据此可知，关系体本身实际上是一种高度结构化的认知语境。从 AB 二元隐喻结构到 ABC 三元隐喻结构以及 ABCD 四元隐喻结构之所以只能正向增加而不能逆向缩减，就是因为隐喻结构受到了认知语境的影响和制约。当语义体增加时，就会在人的认知领域内形成一定的关系体，这种关系体将会对现有的百科知识进行重新建构，对之前单个语义体不能提供的语境内容进行了补充，扩展了认知框架，从而在语用层次顺利构建帮助听话人理解话语所需要的隐含认知语境。

（3）关系体与概念比

前面已经对 ABC 三元隐喻结构与 ABCD 四元隐喻结构在合成空间所形成的“A：C＝B：D”这一类比性概念结构进行过分析，据此得出，关系体在目标域以及源域中所表现出的是语义体的概念比，也就是使用一个关系比值来映射另外一个关系比值。

在逻辑比的基础上，概念比增加了具体的语义内容与认知过程，认知语言学中所研究的“figure”（图形），“background”（背景）、“landmark”（路标）、“movement”（运动）、“path”（路径）等这些认知结构同样可以形成以下概念比模型：图形：背景：路标：运动：路径。

与纯粹的逻辑比不同，概念比并不如同数学运算中的外项的乘积等于内项的乘积，即“A：C＝B：D”与“C：A＝D：B”二者在逻辑上是等价关系。关系体隐喻中所体现的类比结构并不能进行如此等价的换算，因为逻辑结构在数学运算的过程中回避了经验方面的内容，并不加载抽象符号背后所具有的语义信息。因此，人们不能将“courage is to life what gasoline is to cars（勇气对于生命正如汽油对于汽车）”表达为“life is to courage what cars are to gasoline（生命对于勇气正如汽车对于汽油）”。其中，目标域的关系体“courage is to life”（A：C）与源域中的关系体“gasoline is to cars”（B：D）二者所形成的实际上是一个“图形：背景”的概念比模型。

相关学者认为，“图形：背景”是认知组织语言概念中的一个基本原则，图形与背景形成的是一种概念之间的位置关系，二者通过概念比的方式反映了空间中的一种凸显关系，所以不能颠倒或者互换。因此，我们并不能将“Newton is the father of physics.（牛顿是物理学之父。）”表达为“Physics is the child of Newton. （物理学是牛顿的一个孩子。）”概念比描述了各个语义体在映射关系结构中的属性，更说明了关系体中的语义体在认知地位上并不是同等重要的。

概念比是人们的一种最近的思维方式与认知工具，关系体的本质就是在认知领域内各个语义体之间所形成的一种概念比。关系体是人类认识世界的最基本方式之一，在 A：C 的关系体中人们认识了两种语义体之间的关系，然后掌握了利用一种关系来理解另外一种关系，从而了解了另外一种关系中的事物。事实上，人类的语言自身就是一个带有概念比性质的体系，人们可以掌握语言中的某一个概念，是因为人类可以察觉这一概念与另外一个概念的不同之处。词语所拥有的价值并不取决于词语自身，而是由其在整个符号体系中所处的相对位置来决定的。换言之，词语的价值来源于符号之间所形成的概念比，而且其价值只有在整个符号体系中才能得以实现。

（三）转喻

在认知语言学领域，对于转喻的研究与隐喻的研究相对较少。与隐喻一样，过去人们只是将转喻看作语言层面上的一种修辞格。20 世纪 80 年代以后，转喻逐渐被认知语言学家看作一种心理机制，这种机制成为人类形成许多概念的基础。转喻作为认知语言学体系中的一个重要概念，已然引起越来越多人的关注。为了对转喻有一个全面的了解，下面就来分析转喻的概念、本质、分类等内容。

1. 转喻的概念

在认知语言学领域，最先对概念转喻展开研究的两位学者是兰盖克（R. W. Langacker）和约翰逊（Mark Johnson）。他们认为，概念转喻来源于两个具体事物之间的经验关系，如部分对于整体，或者来源于某一事物与某隐喻概念化的具体事物之间的关系，如地点对于某件事情。对于这一论断，兰盖克与特纳随后进行了补充，将转喻视为一种概念映射。①

邻近性不仅是转喻得以产生的基础，也是转喻的重要特征。相关学者认为，邻近关系指的是两个词之间在意义上具有邻近特点，而转喻就发生在这两个已经建立邻近联系的词之间。转喻的邻近性包括三种：空间邻近性、时间邻近性、因果邻近性。

邻近性包括以下五种：

（1）构成性。这种性质表示的是一种构成关系，如“silver”（银制品）可以构成餐具。

（2）邻属性。这种性质表示的是一种所属关系，如“sail”（航行）指轮船。

（3）方位性。这种性质表示的是一种方位关系，如“bottle”（瓶子）指酒类。

（4）因果性。这种性质表示的是一种因果关系，如“Picasso”（毕加索）指绘画作品。

（5）表征性。这种性质表示的是一种表征关系，如“my mother”与母亲的照片之间

---

① 王华安. 隐喻与转喻［J］. 小说月刊，2021（15）13.

的关系。

2. 转喻的本质

转喻是一个参照点现象，参照点是一则语篇中最凸显的一种成分，同时在整个语篇的基础上建立一个语境。在这一语境下，一个正在进行概念化的人与语篇中的其他不凸显的成分之间建立了联系。其中，凸显成分与不凸显成分就构成了参照点的范围，人们想要识别了解其中的成分，就需要与参照点建立相关的联系。一般而言，转喻词语指定的成分就是参照点，为想要描述的目标提供了心理可及，同时将听者或者读者的注意力吸引到这上面来。例如：

I am parked out there.

我（把车）停在那边。

对于上述句子而言，“我”就是参照点，注意的目标是汽车本身，人们在心理上通过“我”就可以找到汽车的位置。由于“我”具有足够的凸显性，因而“我”就可以将注意力集中并引导在目标“汽车”上，从而成了认知过程中的参照点。

可将转喻看作一种意义详述的过程，其中要么包括一个认知域矩阵的拓展，要么包括一个认知域矩阵的缩减。转喻的描写是通过以下两个参数来实现的：第一，源域与靶域之间的关系；第二，源域与靶域之间的映现过程类型。

对于第一个参数，转喻往往建立在域以及次域的关系上，其中主要的认知域被人们称为矩阵域。对此，人们区分了两种类型的转喻。

（1）源域是靶域的一个次认知域。被称为靶域包含源域的转喻，其运作的基础是认知域的扩展。例如：

The sax won’t come today.

萨克斯乐手今天不来了。

该例中“the sax”是“the sax player”的一个次认知域。

（2）靶域是源域的一个次认知域。被称为源域包含靶域的转喻，主要用于认知域的缩减。例如：

He always enjoys Shakespeare.

他一直喜欢莎士比亚的作品。

该例中，“Shakespeare”其实是靶域中莎士比亚的作品，是莎士比亚这位著名剧作家矩阵域中的一个次域。

就映现过程而言，存在两种类型的映现：多次对应和一次对应。其中，多次对应这一特征主要体现在隐喻形式中，主要用于描写；而一次对应这一特征主要体现在转喻形式中，主要用于指称。

3. 转喻的分类

角度不同，转喻的分类就不同。从语言功能角度来看，转喻可以分为三类：指称转喻、谓词转喻、言外转喻。下面对此进行具体分析。

（1）指称转喻

指称转喻主要指的是指称的转换现象，是转喻类型中最常见的一种，指称行为与转喻之间具有十分密切的关系。例如：

①（辉哥）想干脆从头顶上方敞开的亮窗爬进去。②他没想到那里是女演员的换衣间……③糊里糊涂就成了流氓。④辉哥更是没料到黄世仁和大春，这两个在台上的死对头，却在台下联合起来对付他。⑤他屁股上先是挨了大春一脚，接着黄世仁一个扫堂腿就把辉哥打倒在地……⑥（辉哥）分不清哪一拳是黄世仁打的，哪一拳又是自己心目中的偶像大春打的，只听得黄世仁用普通话吼道：“抓进去捆起来！”大春好像也蛮听黄世仁的话，他不知道从哪里拿来一根红绸带，把辉哥包粽子一样绑在后台的一根柱子上……

上例中，除了句子④外，其他句子中所出现的“黄世仁”与“大春”都属于指称转喻，实际上指称的是扮演黄世仁与大春的演员。该例中转喻以及非转喻的语言形式交叉使用，产生了非常好的幽默效果。

（2）谓词转喻

谓词转喻即一种陈述指称另外一种不同的陈述。例如：

General motors had to stop production.

通用汽车不得不停产。

该例中，“不得不停产”就意味着“已经停止了生产”这件事情成了事实。一个潜在的能力、事件、可能等与实际所发生的事件联系在一起，从而形成一种谓词转喻。

（3）言外转喻

言外转喻指的是一种言语行为，亦是一种言语场景。而言语场景又可以分为若干个组成部分，每一个部分都可以转喻地代表整个场景或言语行为。例如：

I would like you to close the window.

我想让你把窗户关上。

该例中，说话人安排听话人关窗户的想法转喻地唤起了“关窗户”这一要求。该例说明，对转喻的分析并不能完全排除对语用的分析；相反，对语用关系中的明确义以及隐含义进行推导在很大程度上需要依赖转喻形式来进行。而语用推理往往是由事先就已经存在的转喻原则来引导的。

第五章 英语语言与社会文化

第一节 英语语言与社会

一、语言与社会的关系

人们很早就认识到语言与社会的关系，并且进行了一些考察。古希腊、古罗马和古印度的一些语法家、哲学家的文献中留下了很多这方面的证据，尽管这些证据十分零散。

概括来说，人们对于语言与社会的关系研究主要经历了两个阶段，这两个阶段的研究内容存在一些差别。

20 世纪 30 年代至 60 年代为第一阶段。在这一阶段，人们追求语言学的一元性与自治性，将其视为一门独立学科，并且为此做了大量的研究。由于受到这种主流思想的影响，语言使用的社会环境被排除在语言研究之外，人们将目光更多地集中在语言结构方面。

20 世纪 60 年代至今为第二阶段。在这一阶段，乔姆斯基的理论语言学逐渐受到来自社会语言学的挑战，这促使了语言学研究中二元性观点的复苏。此后，越来越多的人将语言与社会的关系作为关注的焦点。经过几十年的发展之后，当今社会语言学的发展已经趋于成熟。

语言是对五彩斑斓的社会生活的反映。置身于社会这个大环境下，可以真实感受语言使用的方方面面。可见，社会为语言的产生与发展创造了条件，语言则是社会的一面镜子，是对社会现象与发展规律的反映。随着社会语言学的兴起，研究语言与社会之间关系的专家学者的数量也与日俱增，所取得的研究成果可谓有目共睹。

语言学研究一直将社会、语言、说话者之间的内在联系作为核心问题。因此，要想对某些语言现象进行解释，就必须将其置于社会的大语境之下。社会语言学研究将社会因素与语言及语言的运用结合起来，为语言学家的研究提供了一种全新的视角。一般来说，语言和社会之间的关系集中表现为以下两种形式：

第一，语言一方面能够用于交际，另一方面可以建立并维持一定的社会关系。语言的社会功用集中体现在人们日常生活的许多话语中。

第二，从某种意义上看，同一语言使用者的说话方式常常会发生变化，这是因为说话者的社会背景对其所选用的语言具有很大的决定性作用。反之，语言也可以反映说话者的性别、年龄、地位等社会信息，这就意味着一些个人信息常常在交际过程中不可避免地泄露给听者。

因此，语言（特别是语言中的词汇结构）是社会的自然环境、物质环境与人文环境的重要体现方式。例如，英语中的“rice”一词既可指“稻子”又可指“大米”，还可表示“米饭”。与此不同的是，汉语中的“稻子”表示在田里生长的作物，成熟之后被称为“大米”，煮熟之后被人食用时则称为“米饭”，这充分体现出中国农耕文化的鲜明特征。

从本质上说，语言是诸多社会现象中的一种，它与所在的社会结构之间的联系十分密切，甚至对于一个语言形式的评价也是社会性的。因此，在语言学家眼中，当语言的口音、形式等能够实现预定的交际功能时，它们就是好的。在对语言变体进行纯粹性、正确性方面的判断时，常常是从社会性角度而不是语言学角度来进行的。例如，带有/r/音的口音在纽约被认为更有影响力、更正确，但在英格兰口音中，不发元音后 m 的口音被认为比带有这个音的要正确。

对语言与社会之间的关系进行分析时，研究者可从以下两个角度入手：

第一，将社会视为一个整体，并对社会中使用的语言进行综合观察。具体来说，可对语言在社会中的作用进行研究，并对语言反映社会差异的方式进行观察。这一角度的研究有时被称为“语言社会学”或“宏观社会语言学”。

第二，对使用的语言进行综合观察，或从社会中的个体角度来观察社会。这一角度的研究被称为“严格意义上的社会语言学”，有时也被称为“微观社会语言学”。

二、社会语言学

（一）社会语言学概述

社会语言学作为一门独立学科，必然有其研究对象、研究类型与研究方法。下面就来分别阐述。

1. 研究对象

作为一门边缘学科，社会语言学是随着数理语言学、神经语言学、计算机语言学、民族语言学、心理语言学等一系列跨学科的语言学分支而出现的。正因为如此，社会语言学的研究对象通常涉及以下五个方面：

（1）各类语言变体的社会功能及其构造特点。

（2）语码选择与人际关系的相互作用以及交际情景与选择语码之间的关系。

（3）由于语言接触以及政治、经济、文化、社会等所引起的语言变化的规律和方式。

（4）不同集团以及社会对各种语言或语言变体的态度、评价以及由此产生的社会效应。

（5）一个国家、地区的语言状况以及各类言语共同体使用语言的状况、特征。

2. 研究类型

语言学家在进行社会语言学的研究时所采取的立场、角度各不相同，但概括来说，社会语言学研究可以分为以下五种类型：

（1）社会学的社会语言学，又称“语言社会学”。该类型研究以母语维护、语言规划等社会面临的重大语言问题为主要任务，以语言和社会之间的全局性的相互作用为研究重点。语文建设、语言决策是其研究成果的主要应用领域。

（2）民族学的社会语言学。该类型研究以人类的交际能力为研究核心，以建立综合性的人类交际学为研究的最终目标，以语言交际的方式、特点以及规划为研究重点，即从民族文化的角度去考察语言在人类交际活动中的作用以及语言的使用情况。

（3）语言学的社会语言学。该类型研究以充实、完善语言学为根本目的，以人们日常生活中所说的语言为研究对象，以语言变异为核心问题。这一类型的研究强调作为研究对象的语料必须取自现实生活，其基本出发点是把语言视为一个有序异质的系统。

（4）社会心理学的社会语言学。该类型研究以某个社会集团或全社会对使用某种语言变体的态度、评价为研究重点。

（5）语用学的社会语言学。该类型研究的主要对象是会话风格与结构，侧重于探讨会话策略与原则。

3. 研究方法

社会语言学的研究方法与社会学、自然科学的方法较为接近。具体来说，社会语言学通常先进行实地调查，然后对语言材料进行定量统计分析，以便得出概括性的结论。

社会语言学以社会变体为研究对象，具体涉及年龄、性别、社会阶层等社会变量。换句话说，社会语言学就是要对语言变量与社会变量之间的相关性展开研究，因此确定社会变量成为社会语言学研究的第一个步骤。然后，社会语言学通常在某一范围内抽取少量样本，即采用随机抽样的方法。

采用随机抽样可以避免研究人员的偏见，有利于保证结论的可靠性。但是，由于随机抽样的结果只是一种概率的统计，因此不可避免会存在一定的误差。此外，在具体的操作过程中，随机抽样常常会面临各种困难，在人力、物力、时间等方面的消耗也比较大。

因此，研究人员在实践中往往采用非随机抽样的方法从总体中抽取一部分样本作为调查对象。非随机抽样由于无法计算可信度，也无法计算误差，因此不能够根据样本推断总体情况。

研究人员要避免过度概括，因此与抽样相联系的是适度的结论。例如，以某个城市的高校学生为调查对象，就不能得出全国性的结论，即调查研究的结果不能够超越调查范围。

社会语言学研究在收集语料时还可采取观察法、问卷法、访谈法、实验法等。无论采用哪一种方法，研究人员都应保证语料的真实性，努力排除干扰与偏见。

（二）社会语言学的意义

一般来说，英语社会语言学的意义可从理论与实践两个方面来分析。

1. 理论意义

英语社会语言学的理论意义集中表现在以下四个方面：

（1）数量化概念被社会语言学应用于语言研究之中。具体来说，社会语言学的调查对象可以是某一具体的社团、行业或者年龄段、公共场所等。在拟定具体的调查项目并取得相关的调查数据之后，即可对正在演进中的语言变化做出数量化的概括。

（2）从研究范围上看，语言外部、语言变异、语言应用、社会语言等都是社会语言学的研究范围。相比较而言，传统语言学只研究语言内部和语言结构的状况，可见社会语言学大大拓宽了语言学的研究领域。

（3）在语言观上，社会语言学家认为，语言不是单一的，而是有变化的；变化又分地方性的（这是古人已经注意到的）和社会性的（这主要是社会语言学的贡献）。社会性的变化分为社会阶层的变化（上层、中层、下层等）和职业的变化（教师、律师、医生、军人等）。

2. 实践意义

英语社会语言学的实践意义集中表现在以下四个方面：

（1）社会语言学研究有利于深化对社会文化和历史的理解。例如，研究 20 世纪 50 年代以后词汇的变化情况，尤其是新词的出现、变化、派生、潜藏等语言现象，是探索中华人民共和国成立以来社会生活变动的一种有效途径。可见，正是社会语言学使语言学逐渐深入人民群众的社会生活中。

换句话说，社会语言学从人民、社会、民族的角度来展开研究，不仅将语言看作一个国家、民族文明程度的重要标志，还根据信息时代的要求来开展语言的研究工作。

（2）社会语言学研究为语言教学提供了资料和理论，极大地推动了语言教学特别是第二语言教学的发展。具体来说，虽然语体具有丰富的种类，但都包含大量共同的语音、词汇、语法和拼写特征，这些共同特征的总和就是共核。共核为使用某种语言的人所共同接受，是构成各种变化的主体。社会语言学不仅提出了变化与共核的理论，还依据不同标准对语言进行分类，并对个人在社会中使用语言的情况进行研究。

根据社会语言学的理论，语言、语言环境都是交际的重要组成部分，这就使课程计划的科学性得到明显提升。换句话说，语言材料、语言环境在制订课程计划的过程中具有同等重要的地位，不可对任何一方有所忽视。

（3）社会语言学的研究为制定语言政策提供了理论依据。对社会语言状况进行调查是社会语言学的研究方法之一。在这一过程中，人们可以更好地认识语言国情，从而更加科学、合理地进行语言规划、制定语言政策，并有效解决一些因语言而引起的社会问题。

（4）社会语言学对个人使用语言的特点与语言运用规律展开研究，这对于加强个人语言修养、提高语言应用水平具有积极的推动作用。

三、方言、社会方言与性别

（一）方言

1. 个人方言

一般来说，语言变体包括以下两个类别：

第一，语域（register），即与用途相关的变体。

第二，方言（dialect），即与使用者相关的变体。

语言系统为每个语言使用者都提供了同样的潜能，而一系列的社会因素，如地域、年龄、性别等使这些潜能实现了个人化，并最终形成个人方言（“idiolect”或“dialect of individual”）。简单来说，一个人所使用的带有自身鲜明特色的语言（包括节奏、语速、音高、音质等因素）就是个人方言。

很多因素都会给个人方言带来影响，主要包括以下四个方面：

第一，性别、年龄、体征。例如，小孩子说话时语气较柔弱，成年人说话时语气较坚定。

第二，受教育的程度。例如，电脑程序员和农民的说话方式肯定不一样。

第三，从事的职业。例如，工程师与医生的说话方式就存在很大差异。

第四，成长的地域环境。例如，澳大利亚人和美国人的口音不一样，新西兰人和爱尔兰人的口音也不一样。

个人方言可以提供很多有关说话者的信息，不仅能根据一个人的口音判断其来自哪里，还能从一个人的言谈判断其从事何种职业。换句话说，个人方言的变化是沿两个轴展开的，一个是地域轴，另一个是社会轴。

2. 方言和语言

个人方言往往表现出地域性和社会性的差异，这是由于个人方言会受到受教育的程度、体征、地域环境、性别、年龄、从事的职业等因素的影响。实际上，方言也是如此。其中，同一地域的社会成员因在性别、年龄、职业、教育程度、阶层等方面的差异而形成的语言变体即为社会方言；因地域差别而形成的语言变体即为地域方言。下面重点对地域方言进行讨论。

就汉语来说，不同地域的汉语在词汇、发音、句式等方面都有不小的差异。根据这些系统性的差异，汉语可以分为客家方言、北方方言、粤方言、闽方言、湘方言、赣方言、吴方言七大地域方言。

法国南北方的方言差异也较为明显，具体的分界线从波尔多（Bordeaux）地区往北至利摩日（Limoges），往东至里昂（Lyons）。

同样，英语也存在地域方言。从全球范围来讲，英语可以分为英国英语、加拿大英语、美国英语、澳大利亚英语、新西兰英语等多种形式；在英国本土之内，英语包括南方方言和北方方言两大类型，二者之间的分界线从伯明翰（Birmingham）和牛津（Oxford）之间穿过，抵达中西部的西米德兰兹（West Midlands）。

不难发现，方言是与语言使用者相关的语言变体。那么，到底该怎样给方言下定义呢？很多语言学家都给出了自己的看法。

所谓方言就是彼此可以交流，但又存在系统性差异的一种语言的不同变体。这一定义强调了可以彼此交流与存在系统性差异这两个必要条件。换句话说，只有满足了这两个条件，一种语言变体才能够被称为方言。

然而，将可以彼此交流和存在系统性差异作为语言与方言差别的标准是不精确的。因此，要想判断一种语言变体究竟是方言还是一种不同的语言是一件很困难的事情。另外，可以彼此交流和存在系统性差异这两个条件本身也具有一定的模糊性。有时一种语言变体与另一种语言变体并不是不可以彼此交流、存在系统性差异，而是多大程度上能够彼此交流、存在系统性差异。

例如，对彩虹的七种颜色，即赤、橙、黄、绿、青、蓝、紫在光谱图上进行分辨并不难，但是，如果要界定一种色彩究竟是在什么地方变为另一种色彩却十分困难，这是因为色彩是渐变的，而不是突然发生变化的。语言的变化也呈现出这样的特点，如从法国城市里尔（Lille）一路向南步行到葡萄牙的首都里斯本（Lisbon）的沿途语言也在逐渐发生变化，但这些变化的界限十分模糊。

综上所述，将“可以彼此交流”“存在系统性差异”“国家间的界限”合起来看并不是构成界定方言和语言的充分条件，分开来看也都不是界定方言、语言的必要条件。于是，语言学家只好接受了方言和语言之间的灰色区域。

（二）社会方言

语言的使用不仅因情景、地域的不同而不同，而且还会由于各种社会因素的不同而发生变化，从而形成变体，即社会方言。换句话说，社会方言是语言集团内某一阶层或某一群人中所通用的语言。

一般来说，社会方言常受到以下两个因素的影响：

1. 年龄

在同一个社会阶层中，年龄差异也会导致语言上的不同。

由于受到生理方面和社会心理方面因素的影响，语言随年龄的不同而产生某些差异已成为几乎一切语言的通例。例如，老年人相对保守，比较喜欢使用一些已经过时的词语、句式；青少年喜欢创新，比较喜欢用新鲜的俚语。因此，老年人的语言通常显得过时而老式，而青少年的语言往往更具时尚的特点。

语音、词汇和句法等都可以体现语言的年龄变异性，其中以词汇差异表现得最为明显。例如，霍尔顿·考尔菲德（Holden Caulfield）是美国小说《麦田里的守望者》中的主人公，他常常使用与其年龄相一致的俗语、俚语、句法结构，以及比喻、夸张等修辞手法，并讲一口美国东北部青少年学生中流行的日常通俗口语，这些都是那个年代青少年特点的生动体现。

2. 民族

民族差别也是引起语言社会变异的另一个重要因素，下面以美国为例来进行分析。美国是一个多民族、多文化的国家。外来民族移居美国时既要受到原有文化、语言的影响，又要逐渐适应聚居地的习惯，这就使不同民族在习得英语时形成了一种与标准美国英语相区别的变体。

第二节　英语语言与文化

语言是人类社会发展到一定阶段的产物，已成为日常生活中的一项重要部分。文化是人类社会所特有的一种现象。语言与文化之间的关系十分紧密，二者相互促进，共同发展。长期以来，人们都致力于对语言与文化的研究。只有对语言、文化有全面深入的了解，才能跨越语言与文化所带来的沟通障碍。本文首先分析文化的含义，然后研究语言与文化的关系，最后论述语言学习中的文化因素。

一、文化的含义

文化的范围十分广泛，中西方学者虽然对文化进行了长期的研究，但对于文化的含义依然是见仁见智。下面就分别对中西方的代表性观点进行介绍。

（一）中国学者关于文化的含义

在我国，早在两千多年前就出现了具有“文化”意思的词语，但“文化”作为一个完整的词被使用是从汉代开始的。

在古汉语中，“文化”的最初含义和现在的含义有很大的差别，其最早出现在汉代的《说苑·指武》中。该文中说道：“文化不改，然后加诛。”这里的“文化”与“武功”相对，有文治教化的意义，表达的是一种治理社会的方法和主张。①

① 方勇主编，程翔评注. 说苑［M］. 北京：商务印书馆，2018.

唐代的孔颖达对“文化”一词的解释可谓别有见地，他认为文化即社会的文化，指的是礼仪风俗、文学艺术等属于上层建筑的东西。孔颖达的这一观点一直影响到明清时期。由上可知，中国古代的“文化”主要指的是精神层面，这种对文化狭义的理解不能算作文化的含义。①

通常而言，可以从狭义与广义两个方面来对“文化”加以理解。狭义的理解仅指精神文化，如社会的意识形态、风俗习惯、语用规范以及与之相适应的社会制度和社会组织；广义的“文化”既包括精神文化，也包括物质文化。

（二）西方学者关于文化的含义

在英语和法语中，“culture”一词来源于拉丁语“cultura”，是动词“colere”的分词形式，是“耕作、培养、教育”的意思。在英语中，“文化”曾经被用来指“犁”，不过它指的是犁的过程，并非一种工具。而且这一过程最开始是指耕地，后来引申为培养人的技能、品质。后来，这个词汇通过进一步转义，由活动转喻为物体，从过程转喻为产品、资源、模式。到了18世纪，“文化”这一概念在西方思想史获得了第一次重要转义，表示“整个社会里知识发展的普遍状态”“心灵的普遍状态和习惯”“各种艺术的普遍状态”。

可见，西方对“文化”一词的含义要比中国古代对“文化”的理解宽泛得多。随着科技发展和文艺复兴的出现，加上一系列大发现和宗教上各种改革的推动，人们对文化的区分以及文化内涵的研究越来越感兴趣。

英国人类学家爱德华·泰勒（Edward Burnett Tylor）是影响文化含义的第一个重要人物。② 他的含义可以算作文化含义的起源，是一种经典性的含义。19世纪70年代，泰勒出版了《原始文化》一书。他在该书中指出，从广泛的民族学意义来讲，文化是一个复合整体，包括知识、信仰、艺术、道德、法律、风俗，以及作为一个社会成员的人所习得的其他一切能力和习惯。这一含义不仅描述了文化的重要内容，而且将文化视为一个多层面的整体，对深入和全面研究文化具有十分重要的意义。

文化是一个全人类所共享的体系，该体系中包括信仰、风俗、价值观、行为举止等，人们在此体系内同他人交流，并通过学习来传承这一体系。由此可知，文化是由共享的行为模式（交际）和意义系统（语言）组成。

---

① 刘玉建．程颐关于《周易》道体的深度发明——以王弼、孔颖达道论为理论环节［J］．中国哲学，2017（11）．

② 张丽萍．爱德华·泰勒诗歌的诗艺价值与文化意义［J］．鸡西大学学报，2010（3）：119-121.

从社会学家的角度出发，文化包括大家享有的物质的和非物质的全部人类社会产品。其中，物质文化包括一切由人类创造出来的并赋予它意义的人工制品或物体；非物质文化则由比较抽象的创造物组成。

《美国传统词典》① 中文化的含义是：人类文化是通过社会传导的行为方式、艺术、信仰、风俗，以及人类工作和思想的所有其他产物的整体。这一含义涵盖的范围较为宽泛，既包括深层文化，又涵盖浅层文化，如风俗、传统、行为、习惯等。

后来，人们纷纷根据自己对"文化"的理解试图对"文化"做出界定，所以对文化的含义也各有侧重，比较有影响力的有以下两类：

1. 侧重文化差异

克茨（Katz）和施恩克（Schanck）认为，文化对于社会而言，就相当于人的性格对于人的机体一样。文化是一个人在特殊的社会群体里所遭遇的气氛，它包括一个社会中的特殊建筑的内容。②

戴维斯（Davis）和达拉德（Dollard）认为，群体之间的差异是由文化的差异决定的，文化不同，社会遗产自然也不同。人们在不同的生活习惯和生活方式中成长，因而形成了不同的文化，形成了不同的群体特征。③

2. 侧重文化内容

文化就是在历史的长河中，人们为了生活所创造出来的一切设计。这些设计有的是隐含的，有的是显明的；有的是合乎理智的，有的是非理智的，还有的是反理智的。这些设计是对人们行为的潜在指导。

当人们将文化看作一个叙述的概念时，文化就是人类创造所积累的宝藏，如建筑、绘画、书籍等。此外，文化还包括人们在适应自然环境和人事时所需要的语言、知识、礼仪、风俗、道德、伦理等。

尽管上述观点各不相同，但都强调文化的核心始终是"人"。人是文化的创造者，文化是人类智慧和创造力的结晶。不同民族、不同种族的人创造了不同的文化，并构成了包括民族的个性、感知认识、言语和非言语的符号、时间和空间观念、思维方式、价值观、

---

① 《美国传统词典》具备强大的英英解释功能，《美国传统词典》是美国国内非常有影响力、非常权威的词典，而且自成系列，35 万个单词，3. 4 万个应用实例，500 多种使用注释和新修订的词源附录，曾经被 Amazon. com 评为"编辑选择的参考工具"，是专业英语工作者必不可少的重要工具，也是广大英语爱好者的良师益友，具有非常高的权威性。

② 蒋志娟. 试析文化差异视域下的跨文化英语教学［J］. 知识文库，2020（4）：44，49.

③ 罗雅馨. 文化差异下的对外汉语教学问题研究［J］. 北方文学，2019（20）：236.

行为规范、社会群体及其相互关系等在内的一个复杂整体。

对以上中外学者的众多含义进行分析，可将它们分为以下两大类：

第一，广义的文化是人类创造活动的一切成果，即物质生产活动和精神生产活动所创造的一切成果。

第二，狭义的文化是指精神创造活动及其结果。

（三）文化的特征

1. 可习得性

动物的众多行为多出于本能，人类也是动物，因此，人类也有很多动物的本能。例如，没有大人的照料和引导，婴儿出于本能就会吃、喝、哭、笑、睡等。但是人类又是高级动物，动物只是本能地会吃，但是人类吃什么、在何处吃、怎样吃要靠后天习得，而这就是人从生下来开始最早接触并学习的文化。换句话说，每个人生下来就有许多的基本需求，有些需求是出于本能的，有些需求则是生成和规范自己言语的需求，但是如何来满足这些需求以及培养人类的行为规范要靠后天习得。因此，习得也就成为文化的重要特征之一。

2. 符号性

文化不是从一开始就存在的，而是通过符号加以传授的知识。任何文化都是一种符号的象征，也是人们的思维和行为方式的象征。人类最明显的特征就是符号化的思维和行为，文化的创造过程也就是运用符号的过程。在创造文化的过程中，人类将认识世界和理解事物的结果转化为外显有形的行为方式，这些行为方式就构成了文化符号，从而成为人们的生活法则。

3. 整合性

文化是一个经过整合的系统，也就是说文化的各个因素之间相互联系并相互支持，最终形成一个系统。在这个系统中，各要素互相补充、互相融合，共同塑造着某种民族性格。整个民族文化具有一个或几个“文化内核”，发挥着整合文化的潜在作用。文化的这种整合性使得文化具有相对的稳定性。例如，在中国的传统文化中，融自然哲学、政治哲学和伦理哲学为一体的“天人合一”世界观，以及“经国济世”等精神元素，作为中国文化的“内核”一直发挥着“整合”作用。又如，我们经常提起“中国文化”“东方文化”或“西方文化”等概念，这也是某种文化相对稳定的体现。同时，在某种文化内部，各要素既相互关联又存在某些冲突，因此，在实际问题的解决中可能会出现冲突。例如，人口太多曾经是我国一大问题，而要解决问题控制人口就行了；但是这又与中国人讲求“人多力量大”“人多才能兴旺”的传统观念相违背，可见解决观念上的问题才是关键。

4. 兼容性

任何文化都具有兼容性，这是文化得以生存发展的内在动力。所谓“开放式文化”或“封闭式文化”都是相对而言的，既没有完全开放的文化，也没有完全封闭的文化。完全开放的文化因为消除了自身的文化个性就会消融在其他文化之中；完全封闭的文化则因为缺乏与其他文化的交流而失去发展更新的动力，最终会走向消亡。

5. 传承性

文化是社会历史的积淀物，是特定历史时期的时代文化，表现出很强的历史传承性。同时，也正是因为文化具有某一民族思想的结晶和经验的总结，对后人有着重要意义，是一笔巨大的精神财富，也使得文化具有可传承的可能性。每一代人都会传承原有的文化，同时也会不断对原有的文化进行更新，发扬文化中的积极部分，舍弃文化中不好的部分，从而对社会文化的发展做出应有的贡献。例如，在节日或喜庆的日子挂红灯的风俗就是我国数千年来传统文化延续的表现。

6. 时代性

任何文化都是在历史发展演变的过程中产生的，且不同的时代有着不同的文化。例如，原始人驯养动物，种植植物，创造文字，引导远古人类进入古代文化的发展时期，创造了原始文化；蒸汽机的发明、产业革命的完成，促使人类进入近代文化历史阶段，催生了资本主义文化。文化的依次演进实际上是一个“扬弃”的过程。也就是说，文化的不断发展实际上是对既有文化进行批判、继承和改造的过程。在某些历史时期看来是先进的文化，在后来的历史时期就失去了先进性，成为落伍、落后的文化，并且被更为先进的文化所取代。

二、语言与文化的关系

文化是语言发生的环境，语言是文化的载体，是文化传播的工具。可见，语言与文化相互依存、相互影响，密不可分。下面对二者的关系进行具体阐释。

（一）有关语言、文化关系的观点

在讨论语言与文化的关系之前，有必要了解一下国内外学者对语言与文化关系的研究情况。语言与文化的关系问题一直是国内外文化界、语言界热议的话题，关于这方面的观点主要有以下四种：

1. 一元论

所谓语言、文化一元论，即文化就是语言。这种说法主要认为语言包含整个世界观和思维方式，因此，语言应该是整个民族文化的核心。一个民族的语言实际上代表着这个民族的精神。

2. 包含论

所谓语言、文化包含论，即文化和语言是包含的关系。国内外很多学者都对这个观点持赞同态度，但是在看法上存在一些差异。文化有广义和狭义之分，国内持有广义文化意见的学者认为文化包含三个阶段，即物质文化、制度文化，以及观念文化。

（1）物质文化也可以称为“器物文化”，是文化的表面阶段。

（2）制度文化是文化的中级阶段。

（3）观念文化也可以称为“心理文化”，是文化的深层阶段。

在这三个阶段中，语言属于中级阶段，因此语言与文化其实是包含与被包含的关系。

3. 交叉论

所谓语言、文化交叉论，即语言与文化存在一部分的交叉信息。这是由国外的一些持有狭义文化观的学者提出的，文化其实就是观察和学习他人的行为和知识。而语言也是从他人处获得，因此有些学者认为文化其实包含语言的大部分内容，其中交叉的部分就是他人的获得，而不交叉的部分就是各部分的独自特色。可见，在哈德逊看来，文化包括如下三类：

（1）通过观察他人，从他人那里学到的文化知识。

（2）人们共同享有的、认同的知识，这类文化知识不需要通过学习就可以习得。

（3）个人通过直接学习或是自身体验而获得的文化知识。

从这一角度来看，语言与文化是一种交叉关系。在该观点的基础上，相关学者提出了语言、文化双向交叉论。

4. 无关论

所谓语言、文化无关论，即语言与文化是排斥的。这个论调在英国社会学家沃德霍（R. Wardhaugh）的《社会语言学引论》中得以体现，他认为：“语言与文化没有或者说是几乎没有任何关系。”①

---

① 陈怡洁. 用社会语言学方法解语言学未解之谜——沃德华《社会语言学引论》述评［J］. 重庆第二师范学院学报，2018，31（4）：52-56.

持这一观点的还有斯大林，他在《真理报》上发表过一篇文章，其中指出："语言、文化是两个完全不同的东西，语言作为一种交际工具，具有全民性，其不仅可以为资产阶级社会中的文化提供服务，还可以为社会主义社会中的文化提供服务。但文化则不同，世界上既存在资产阶级的文化，也存在社会主义的文化。"①

综上可知，语言、文化一元论其实是对语言在文化中的地位的过分夸大，是走了一个极端；而语言、文化无关论是走了另外一个极端，这两个极端其实都严重违背了现实和科学。而对于语言、文化两面交叉的研究是非常科学、直观的，可以明确解释语言与文化的密不可分。

在上述基础上，下面来分析语言反映文化、文化影响语言这两个方面的内容。

（二）语言反映文化

从本质上来说，语言是文化独特而重要的部分，是文化的产物，因此语言实际上承担着文化的功能。语言既影响文化，又反映文化。对于语言影响文化的观点，主要包含两个方面的解释：

第一，语言相对论，或称为"弱势理解"。该说法认为语言在很大程度上反映人类的思维、态度、信念等。对于人类的这些方面，语言不再起决定性作用，而仅对思维、态度、信念等产生或多或少的影响。也就是说，如果个体所使用的语言不同，那么其所具有的思维方式可能是不同的。

第二，语言决定论，或称为"强势理解"。该说法指的是人类的思维、态度、信念等形成和发展都受制于语言，语言在此过程中起决定性作用。简言之，如果个体使用的语言不同，那么其思维方式便完全不同。

这一假说引发了很大争议，支持者和反对者都提供了相关的证据，不过其正确性至今没有一个权威的说法。但实际情况是，随着人们对语言学研究的不断深入，现今已经没有多少人可以完全接受"语言决定思维方式"，但"语言影响思维方式"这一论调受到很多国内外学者的追捧。人们既不能完全接受这一假说，又不能全盘否定其正确性，人们可以探讨的是这一假说在某种程度上的准确性。

总之，语言作为一种记录、表达的符号，可以表达人们的态度、思维、信念、认识等。可见，语言反映文化，这种反映主要体现在生存环境、风俗习惯以及民族心理上，下

① 《真理报》论斯大林对人民的关心［J］. 新华社电讯稿. 1949，（第545-575期）：173-174.

面逐一进行分析。

1. 语言反映生存环境

不同的生存环境造就了不同的地域文化，反映在语言上就有不同的表达形式，并且这些表达往往是非常固定的。文化的形成会受到生存环境的影响，这是不争的事实。从宏观上来说，这些生存环境主要包含物质环境、地理环境、自然环境等，如海洋、船舶、动物、植物、气候、天气以及物产资源等。

2. 语言反映风俗习惯

风俗习惯是特定群体在社会文化内共同创造和遵守的行为规范，简单来说就是一种社会文化的现象。这些风俗习惯主要体现在礼仪、生活方式、婚姻传统、习惯、信仰、迷信等。例如，英国人很注重场合，什么场合穿什么衣服，用什么样的礼节，这方面就非常看重，而中国就没有那么讲究。在表达上，中国人很看重自己的面子问题，并且非常在意自己在别人心中的形象，选择的语言也是非常谨慎的。也就是说，中国在人际交往过程中通常奉行的是“非等式”的交际类型，即“上下、尊卑有别”，语言在使用过程中体现出明显的权势取向，是一种垂直式的社会关系。在这种交际类型中，中国人十分讲究面子的维护，即倾向于得到他人的认同与尊重。

与中国人际交往的类型不同，西方国家由于处于一种平行的社会关系中，人们提倡个人本位主义，从而形成了一种“对等式”交际类型。在这种交际类型中，人们更加看重的是追求行动上的自由与不受约束。例如：

（语境：妈妈与女儿正在忙着准备晚餐。）

Mother：We need these potatoes for dinner.（晚餐需要准备这些土豆。）

Daughter：OK，I will peel them.（好的，我会削好的。）

在上述对话中，妈妈所说的话语只是表达了一种客观上的需要，并没有要求女儿做什么，而这样表达的目的就在于维护女儿的面子，不让她心里产生一种行为受牵制的感觉。但女儿对妈妈的话语意图进行了很好的把握，给出的反应完全符合妈妈的期望：“我会削好的。”然而，在汉语环境下，妈妈的身份相比女儿来说要高，妈妈就可以直接吩咐女儿去削土豆。

3. 语言反映民族心理

语言是文化的载体，同时也是民族文化的载体，它可以反映民族心理。这里的民族心理主要包含伦理道德、价值观、人生观等。在中国的伦理道德中，比较重视亲属关系，尤其是对关系的称谓特别注重，如汉语中的“嫂子”是指兄长的妻子，而且将长嫂比作母亲，表达对“嫂子”的尊重。然而，英语用“sister-in-law”来对“嫂子”进行翻译，实际上这是不对等的，因为英语中的“sister-in-law”兼有“嫂子”和“弟媳”两个意思，这足以看出英语国家的民族心理，即从法律高度上看待亲属关系。

此外，中国素有尊老爱幼的风俗，所以中国人常将年老看作经验和智慧的象征，并以赡养老人为一种责任，常以“老”为敬称，如“您老”“老人家”等。但西方国家大多崇尚家庭独立，往往子女成年后，就会与父母分开居住，因此西方人怕老，认为“老”就是思想迟钝、僵化的象征，十分忌讳“old”一词，而常用“well-preserved”“seasoned”等词来表达“年老”之意。

（三）文化影响语言

文化是语言活动的环境，因此，文化因素对语言有着重要的影响作用，主要体现在以下三个方面：

1. 文化影响语言的形成与发展

文化是语言形成和发展的基础，没有文化，语言也就不会存在。萨丕尔在他的《语言论》（*Language*）一书中指出：语言是不能脱离文化而独立存在的，也不能脱离整个社会延续下来的观念和做法。① 语言在很多层面上都会显示出文化因素，如句法结构、谋篇布局、词汇意义等。可以说，语言其实是文化的行为，从中西方文化的对比中也可以看出这一点。

对于中国人而言，考虑任何事情、说任何话都需要依靠综合性思维，这就需要领悟能力；而对于西方人而言，以分析性思维作为主导，因此侧重于理性。两种思维方式的差异导致汉语重意合而英语重形合。具体来说，中国人注重意念，重视直觉的效果，只要能够准确表达出意思，词语的形式可以不必计较；英语国家则认为清晰合理的思想是由词语和句子决定的，只要句法完整，那么要表达的思想肯定也是完整的。所有这些都是由于中西方特有的文化背景和地理环境的差异造成的。

2. 文化影响语言词汇的意义

词汇是语言的基本结构，每一个词汇都有自身的概念，而一种语言中蕴含的词汇往往会反映出这个语言民族的文化环境。可以说，词汇对人类认识客观世界与赋予人类世界的意义非常重要。词汇的意义分为概念意义和比喻意义。概念意义也称为“本义”，能够反

① 艾瑞. 萨丕尔的“语言—文化观”再认识［J］. 文化创新比较研究，2021，5（34）：155-158.

映客观事物的特征；而比喻意义也可以称为“指称意义”“引申意义”或者“象征意义”，这种象征意义的存在主要是源于文化存在。

由于各个民族文化的差异性，导致人们对待同一种事物而产生的认识存在差异，甚至截然相反。

3. 文化影响语言的实际运用

语言的运用受到很多因素的制约，其中文化是决定性因素。众所周知，语言的运用受到语境的影响，语境是语言生成和理解的先决条件，而文化就是语境的最主要部分。文化的决定性作用可以避免语言实际运用中的很多问题，如语言误解、语言冒犯、语言无礼等。主要表现在以下两个方面：

（1）语言受不同文化背景的影响，如汉语中两个朋友见面常会说：“上哪里去呀?”或者“你去哪里了?”在中国人眼中，这就是简单的问候语，表示关怀；但是翻译成英语就是“Where are you going?”或者“Where have you been?”这样的问候话语会让外国人感觉很不舒服，因为他们会认为这种问题侵犯了他们的隐私，他们有权利选择回答或者不回答，甚至他们还可能会气愤地说：“It’s not your business.（不关你的事。）”可见，不同文化背景影响着语言的实际运用。

（2）语言受相同文化背景的影响。在汉语中，虽然有着相同的文化背景，但是也存在语言的差异性，尤其体现在名讳上，如嫦娥，原名姮娥，是为了避讳汉文帝刘恒而做的更改，这样的例子在古代名讳中有很多。

综上可知，语言与文化是相互影响、相互制约的，二者是一种交叉关系。语言是用来传承文化、记录文化以及反映文化的，如果有个别民族在发展中失去了自己的语言，即使他们的文化可以用其他的语言来进行记录，但是文化中的大部分内容也会随着语言的消失而逐渐消失。可见，语言是文化的组成要素。反过来说，文化也会影响语言的发展，文化的动态性会促使词汇、语法的变化。文化可以创造词汇、语法，同时这些词汇、语法也记录了当时的文化，并且能够反映当时的文化特征。总之，文化影响语言的结构和含义。

三、语言学习中的文化因素

纵观语言发展与演变的历史可以得知，语言的创造、使用、完善都是人来完成的。正是语言这一工具的存在，使得人们可以传承历史，进而积淀成丰富的文化底蕴。语言所具有的记录、传播功能体现了自身的文化属性。语言作为文化的载体，反映了某个民族的文化信息。而文化的创新、变化、发展同样不能与语言的创新、变化、发展割裂开来，二者自始至终都是密不可分的关系。

语言不仅蕴藏着某个民族的价值观、生活方式、人生观、思维方式，而且还包含该民族的历史、文化背景，反映该民族的总体特征。因为语言与文化密不可分，所以学习一门语言自然离不开对该语言背后的文化的学习。下面就来具体分析语言学习中的文化因素。

（一）思维文化因素

思维不同，语言表达方式就不同。为此，不管是学习英语还是汉语，都需要掌握该民族所具有的思维方式。通常而言，英语民族的思维方式是从小到大，而汉语民族正好相反，时间、地点的表达就是一种体现。例如：

下午 3 点 12 分：12 minutes past 3 p. m.

英语里的“small、medium-sized and large cities”对应着汉语中的“大中小城市”。

英语民族的思维习惯是先说轻的、弱的，再说重的、强的，而汉语民族则相反。例如：

救死扶伤 heal the wounded and rescue the dying

无地和少地的农民 the peasants who have little or no land

一张木制小圆桌 a small round wooden table

我和约翰、玛丽 John，Mary and I

英语思维是“纵向”思维，而汉语思维是“横向”思维，这体现在方位表达上。例如：

东南 southeast

东北 northeast

在英语思维里，“前”表示未来，“后”则表示过去，而汉语思维正好相反。例如：

But we are getting ahead of the story.

不过，我们说到故事后头去了。

（二）历史文化因素

世界各民族所处的地理位置不同，并且各自有独特的历史发展轨迹，这必然会导致语言上的差异，尤其是一些传统说法、典故、格言、成语等。例如，汉语里就有这样一些俗语：

吃红蛋（娶媳妇、生孩子）

吃汤圆（亲人团聚）

河东狮吼（悍妇）

老泰山（岳父）

戴高帽子（赞扬、奉承）

抓辫子（找碴儿）

月老、红娘（介绍人）

成语中蕴含的特定文化意义则更加丰富。例如：英语成语

gild the lily 画蛇添足

gooseflesh 鸡皮疙瘩

（三）心理文化因素

一方水土养一方人。民族不同，在历史发展的过程中就会产生不同的心理活动方式，如价值观、审美观、伦理道德观等。在学习语言的过程中，同样不可忽视对心理文化因素的掌握。

1. 价值观

中华民族倡导社会价值，即一个人的价值在于他对社会的付出和贡献有多少而不是在于多大程度地满足自己的需要，但英语文化尊重个人价值。例如，电影导演黄建新有一次在国外访问，看到一个残疾人正吃力地推着轮椅上坡，便上前帮他推了上去，没想到那残疾人非但没说谢谢，相反还恶狠狠地回头看了黄导演一眼。后来，黄导演经过多方面的研究咨询，才明白在西方主动帮助别人有时是没有充分认识与肯定对方独立个性的体现。这个例子就很好地说明了中西方文化背景下人们所持有的不同价值观。

另外，中国人和西方人对金钱的态度也大不相同。中国人对金钱相对较开明，如汉语里的“钱是身外之物”“生不带来，死不带去”等说法。而英美人恰恰相反，他们从小被灌输一种思想，那就是人生的价值在于追求“金钱”和“权力”。例如，一篇文章指出：“… a step up toward what all Americans are taught to want when they grow up：money and power.”因为受到这种思想的熏陶，英美国家的子女年满 18 岁便开始离家独自生活，即使父母拥有金钱和权力，子女大多也不愿意将父母创造的资本当作自己未来成功的垫脚石，而父母也不会将这些强加于他们。

2. 审美观

汉语中认为的美丑与英语大相径庭。例如，“狗”在中国人看来是丑陋、卑贱的。

例如：

狗头军师

狼心狗肺

上述都是含有贬义的说法。但是在西方一些国家，狗被比作人，人们视狗为伙伴，所以带“狗”的词语往往含褒义。例如：

atop dog 最重要的人

a lucky dog 幸运儿

help a dog over a stile 助人渡过难关

再如，喜鹊在汉语文化里有吉祥之意；然而，在英语文化中，它却象征着“叽叽喳喳或爱收藏杂物的人”。

3. 伦理道德观

英汉两个民族在伦理道德观上也存在差异。例如，“亲吻”在西方是十分普遍的，这是一种见面的礼仪。然而，这种行为在汉语文化中是过于亲昵的，在公共场合是难以接受的。在汉语文化中，“问工资、问年龄、问结婚”几乎是日常交谈中的常见话题。汉语民族将这些提问看成很自然、顺理成章的行为，也符合社会道德。然而，在英语文化中，这“三问”被看作一种禁忌，所以一般的日常交际不会触及。因为西方人比较重视隐私，“三问”的内容都是纯个人的私事，因此，即使家庭成员之间也不会打听各自工资的确切数目。

（四）礼仪文化因素

礼仪文化涉及日常生活中的礼貌、习惯等，如称谓、称呼、敬称、谦称、问候、寒暄、送礼、收礼、致谢、答谢、告别、称赞等。在语言学习的过程中同样不可忽视礼仪文化因素，因为语言是人们进行交际的工具，而在交际过程中往往会涉及各种礼仪。人们想要利用语言顺利实现交际，就需要懂得该语言背后的礼仪文化。

1. 问候与寒暄

在中国，见面的时候往往会相互打招呼，其方式一般是“吃饭了吗”“老王，早”“你去哪儿”等，这些方式只是用于寒暄，没有特别的意义；然而这几种寒暄用语在英语文化中有着另外的解读。当对方听到“吃过饭了吗”会认为你邀请对方去吃饭，尤其当发话人是男士而受话人是女士的时候，这表示男士中意女士。

2. 致谢与答谢

关系密切的中国人之间几乎不说“谢谢”，尤其是家庭成员之间，他们认为道谢就显得生疏了；然而即使是关系非常亲密的英美等国的人之间都经常致谢，如父子、夫妇之间等。对于如何回答对方的道谢，汉英之间的差异倒是比较微小。只是在英语文化中，“thank you”已超出了致谢的范围，如向对方表示感谢之后，对方也会说“thank you”。

3. 敬称与谦称

在汉语文化中，有很多敬称与谦称无法在英语文化中找到对应的形式。例如：将对方的论著称为“大作”，将对方的父母称为“令尊”，将对方的子女称为“令郎”“令爱”等。再如，称呼对方或与对方有关的事物时经常用“贵……”，贵方、贵姓、贵厂、贵校、贵公司、贵国等说法就是很好的体现；而在谈论自己或与自己有关的事物时，经常用“拙……”“敝……”等，所以就有了拙著、拙文、鄙人、在下、拙见、小人等说法。

4. 称谓与称呼

称谓、称呼是人们用来进行交际的先导语，只有在使用得当的情况下才能顺利打开交际的大门。可见，称谓、称呼是影响社交过程的首要因素。在西方国家，父母、兄妹、姐弟都可以彼此直呼姓名，是一种长幼无别的亲属关系，这说明西方社会的称谓、称呼是贫乏的。西方社会两代人的家庭组合结构使得他们之间完全不需要名目繁多的称呼。在中国传统社会中，“君臣有义，长幼有序”的亲属关系使中国人十分看重称呼，这也是中国传统文化观念的反映。

在中国，人们往往不会直呼比自己辈分高的人的名字，父母、亲戚、邻居都包括在内。除了亲属关系中体现的长幼伦理文化，在行政职务等方面同样也会体现出一定的等级关系。例如李老板、张科长、王教授等，这些称呼的使用将更加有利于交际的顺利进行。

5. 告别与称赞

（1）告别

中国人在告别时通常会说“走好”“保重”“路上当心”等，这些话语相当于英语文化里的“take care”。但是汉语文化里的“慢走”或“请留步”在英语中就找不到相对等的表达。在英语文化中，人们在告别之前会通过暗示或委婉的语言向主人表达“告别”的想法，以征得同意，然后才离开，这一点与中国人的做法大不相同。

（2）称赞

①中国文化是一种讲究谦虚、中庸、含蓄的文化，所以当中国人面对别人的溢美之词时，通常给予“哪里哪里，您过奖了”或“我还差得远呢”等这样的回应。然而，当英

美等国的人受到夸奖时，他们会说："Thank you."

②中国人如果听到别人说自己瘦了，就会感到忧虑，因为这通常会联想到劳累、营养缺乏等；然而当英美等国的人听说自己瘦了，会感到很高兴，因为他们会觉得自己变得更加苗条和漂亮。

③如果中国人当面赞美女子的美貌，对方就会误以为赞扬者心怀邪念；可是在英美等国，男子当面赞美女子，女子会很从容地表达"谢谢"。

6. 送礼与收礼

中国人无论是庆祝别人生日，还是请客吃饭，或是探视病人，都习惯于赠送水果、钞票、滋补品、玩具等；英美等国的人习惯买一束鲜花去探视病人，只是针对不同的对象和场合送不同的花。

与之相对应的收礼习惯也有所不同，中国人在收下礼物后一般不会立即打开，因为他们认为这是不礼貌且会使客人感到尴尬的行为；英美人一般在收下礼物后会立即打开，然后加以赞美和道谢。

（五）自然文化因素

不同的地域形成了不同的文化，处于不同地域中的自然事物在不同民族人的眼中所表达的文化内涵便不同。在语言学习的过程中同样会遇到自然方面的文化因素，需要引起学习者的注意。由于自然文化范围较广，限于篇幅，这里仅对动物、植物，以及月亮文化展开分析。

1. 动物文化

动物同人类关系密切，与动物相关的词汇也是语言中一种非常特殊的语言现象。但是，在英汉两种语言中，对动物文化的使用存在诸多不同。一方面，基于人类文化进化的特殊性，英汉两种语言中与动物相关的文化存在诸多差异；另一方面，人类又存在诸多相同的生活经历和感受，人类自身和其生存所依赖的外部条件、社会文化背景在某种程度上又存在诸多共性，这些共性的存在使其对客观世界存在一些共同的认识，具体到动物文化的认知方面，就使英汉两种语言中与动物相关的文化存在诸多共同点。

(1) 同一种动物，表达不同的文化信息

在英汉民族中，同一种动物在某些情况下传达了不同的文化信息，例如"crocodile"与鳄鱼。西方人眼中的"crocodile"是一种凶残狡诈的动物，它在捕食对象面前常通过流泪来麻痹对方，然后趁对方毫无防备时将其吞噬。实际上，"crocodile"流泪并不是出于伤心或悔恨，而是一种正常的生理反应，即排出盐分。因此，英语中的“the crocodile tears”（鳄鱼的眼泪）通常喻指“假慈悲、假仁假义”。例如：

He wept a few crocodile tears over his wife’s death and then got married again at once.

他假惺惺地为妻子的死掉了几滴眼泪，然后很快又结婚了。

汉语里的鳄鱼并没有特殊的文化含义，“鳄鱼的眼泪”与汉语中的“猫哭耗子——假慈悲”意思差不多。随着文化的交流，“鳄鱼的眼泪”的说法也逐渐为中国人所接受。

（2）不同的动物，表达相同的文化信息

不同的生活方式、文化习惯等有时还会赋予词语以不同的喻体。例如，在汉语文化中人们经常会说“热锅上的蚂蚁”，英语文化中则用“like a cat on hot bricks”表示。

自古以来，汉民族就是农耕民族。在古代，牛是主要的农业生产工具。因此，牛在汉语文化中具有很高的地位，并且在中国人心目中牛是强壮、勤劳、倔强的化身，人们也经常用牛来形容人的品质。我国很多名家作品中都使用牛的形象来比喻人。例如，鲁迅在其作品中就有“俯首甘为孺子牛”的句子。可见，牛在中国人心目中的地位之高。

西方国家以畜牧业为主，交通运输方面的需求比较高，“horse”以其力量和速度颇受西方人的喜爱；汉语文化中“牛”的地位在汉语中都被“horse”所占据。因此，“horse”在英语中的地位相当于汉语中的“牛”，英语中也有很多关于“horse”的表达。例如：

horse pills 巨大的药丸

eat like a horse 胃口极大

此外，英语中与“horse”相关的习语也有很多。例如：

dark horse 黑马（意想不到的获胜者）

Don’t look a gift horse in the mouth.

馈赠之马，勿看牙口。（别人送的礼物不要太挑剔。）

（3）同一种动物，表达相同的文化信息

人类文化的一般进化使其本身所生存的条件和社会文化背景等存在诸多共性，进而使不同文化下的人有着共同的生活经历和感受，在对动物文化的认知方面也存在着很多共识。例如“cat”与猫。英语国家的人对“cat”十分宠爱。与其他动物相比，“cat”具有很多独特的习性，如从高处坠落时很少受伤，爱追逐打闹，爱捉弄老鼠等。于是，英语中出现了很多与“cat”相关的习语。例如：

to lead a cat-and-dog life 夫妻间/兄弟间/同事间经常争吵

to have/play cat and mouse 欲擒故纵

在汉语文化中，猫作为十分常见的家养动物常用来喻指温驯、可爱的形象。例如，“馋猫”表示“贪吃嘴馋的人”，且是一种带有亲昵色彩的说法。此外，中国人将捕鼠视为猫的天职，所以汉语中出现了很多与此相关的成语，如“猫鼠同处”“猫鼠同眠”常喻指官吏失职，包庇下属干坏事或者上下级官员狼狈为奸。

下面的例子也反映了动物文化的共性：

英语中的“parrot what others say”同汉语中的“鹦鹉学舌”。

英语中的“as busy as a bee”同汉语中的“蜜蜂般忙碌”。

2. 植物文化

(1) 植物文化内涵不同

在英汉两种语言中，有些植物的名字在字面上基本是一致的，但是这些植物词汇的联想意义却存在很大的差别。究其原因，主要还是由英汉文化在价值观念、宗教信仰、传统文化，以及生态环境等诸多方面的差异导致的。例如：

①苹果和“apple”

在汉语文化中，苹果（apple）一词中的“苹”与“平安”一词中的“平”音相同，因而人们通常用其来表示“平安”之意，或用该词来形容儿童的面颊红润：“这个小姑娘的脸像一个红红的大苹果。”

在英语文化下，苹果也备受人们的喜爱。从英语中比较常用的表述“the apple of one’s eyes”（掌上明珠）就可见一斑。此外，在英语文化中还有“the apple of discord”这一说法，表示“祸端、引起祸端的原因”。这一文化表达源于希腊神话，即三个女神为了争夺金苹果而引发了特洛伊战争。

②红豆和“red bean”

汉语文化中的“红豆”和英语文化中的“red bean”字面意义基本相同，但是它们的联想意义却区别很大。汉语中的“红豆”总是让人们联想到“相思”这一语义，英语文化中的“red bean”往往会让人们想起以扫为了一碗红豆汤而将其长子继承权出卖这一典故。因而，英语中经常用“sell one，s birthright for some red bean stew”来表示“为了眼前的微薄利益而出卖原则”。

③柳树和“willow”

柳树虽然是一个普通的树种，但在汉语文化中却具有丰富的内涵，主要体现在以下三个方面：

第一，挽留。在交通不发达的古代，人们送别亲人时为表达不舍之情，常折柳枝相赠，这是因为“柳”与“留”谐音，因而具有“挽留”之意。

第二，春天。人们根据生活经验得知，柳树发芽就意味着春天的到来。因此，汉语中常用“杨柳”来比喻春天的来临和春光的明媚，如“桃红柳绿”“柳花狂，桃花醉”。

第三，女子的婀娜。柳树具有叶子细长、枝条低垂的外形特征，给人一种风姿绰约的印象，因此，汉语中常用柳树来描写年轻女子的姣好面容与轻盈体态。

在英语中，“willow”因枝条低垂而被称为“weeping willow”（垂柳）。因为“weeping”的意思是“哭泣”，所以“weeping willow”又被称为“哭柳”。因此，“willow”就成为死亡与哀悼的代名词。

（2）植物文化内涵空缺

文化空缺具体指的是同一词汇在一种文化中的联想意义非常丰富，而在其他文化中却缺乏相应的联想。这种类型的语言特殊现象在很大程度上是由文化的特殊性导致的。例如，藤本植物（vine）普遍存在于英汉民族中，这类植物存在一个共性：必须攀附在其他植物上，要不然只能匍匐在地面上。基于这一属性，在汉语文化中，人们经常借用藤本植物来指缺乏自立能力的人，或用来指攀附权贵来获利的人，如“青藤缠树”。再如，在舒婷的《致橡树》中有关于凌霄花的比喻，借此来指借枝炫耀自己的人。但是，这些文化语义在英语文化中都是不存在的。

①“peony”和牡丹。在英语文化中，“peony”仅是一种花卉名，没有丰富的文化内涵。然而，汉语中牡丹属于国花，这种花卉植物自古就有“花中之王”“国色天香”等美誉，并象征着“和平幸福、繁荣昌盛”。有史以来，历朝历代的文人墨客都争相对其咏颂。

②“chrysanthemum”与菊花。英语中的“chrysanthemum”没有特殊内涵，只是一种普通的花。但是，汉语中的菊花却具有多种文化含义。

第一，帝王风范。在中国传统文化中，黄色是尊贵、正统的象征，通常为帝王所专用。菊花蓬勃向天，花朵上悬，且大多为黄色，因此就成为帝王的标志。

第二，淡泊、雅致。菊花通常于秋末开放。此时，暑热已退，寒意渐浓，众花开罢，菊花蕊寒香冷，清香飘逸，凌霜怒放，在寂寞与寒冷中诉说着坚定的信仰。因此，菊花便被赋予了“坚贞不屈的风骨”，成了君子美德的象征。

第三，长寿。汉语文化中常将农历“九月”称为“菊月”，这是因为菊花通常在重阳节（农历九月初九）开放，而人们的节日活动也常与菊花有关，如饮菊花酒、登高赏菊。因此，菊花就具有了延年益寿的文化内涵。

（3）植物文化内涵部分重合

英汉两种文化中还存在一些植物文化含义部分重合的情况。例如，青草（grass）在两种文化中都能让人们联想到“默默无闻”“众多”等。

（4）植物文化内涵重合

英汉两种文化中也存在一些植物文化内涵完全重合的情况。例如，玫瑰和“rose”是汉语和英语中联想意义几乎相同的词，两者都表示爱情和浪漫。汉语文化中的玫瑰也象征爱情和美丽。汉语中将漂亮但是不容易接近的女人称为“带刺的玫瑰”。曹雪芹在《红楼梦》中也曾用玫瑰花来比喻探春的美丽和性格。

在西方国家，“rose”是很常见的花，英国历史上将红玫瑰作为王朝的象征，人们认为“rose”是健康的象征，在语言中也有所体现。

3. 月亮文化

月亮（moon）是借助太阳发出皎洁光亮的星球，全世界的人都守望着同一轮明月。尽管“moon”和“月亮”所指客观事物相同，但二者在英汉文化中所具有的文化内涵却有很大差异。

在西方文化中，“moon”并没有文化内涵，人们大多只是将其看作一种客观存在。对美国人来说，月亮更多的时候只会使他们想起尼尔·阿姆斯特朗乘坐阿波罗Ⅱ号于1969年7月20日首次登月的情景和他那句名言：“That’s one small step for a man，one giant leap for mankind.”（这是一个人的一小步，却是人类的一大步。）

在中国，月亮是历代文人墨客描写的重要对象，或抒发情感，或借物咏志。因此，汉语中的“月亮”具有十分丰富的文化内涵。

（1）象征团圆。月有阴晴圆缺。圆月在中国文化中往往象征着团圆、和睦、美满。

（2）象征对故乡、亲人的思念。在中国，人们经常借助月亮表达对家乡、亲人、友人的思念之情。

（3）象征美人或恋情。在古代，人们常以皎洁的月亮衬托女子的清纯与美丽，如“花容月貌”“闭月羞花”就是形容女子美貌的。除成语外，中国古典诗词、小说、戏剧中也多有这类描述。

（4）象征人的高洁品质。月亮高高在上，月光皎洁纯净，给人以冰清玉洁之感，因此，古人也常赋予月亮以高洁的品质。

（六）体态文化因素

体态文化是指面部表情、身体动作、服饰，以及其他装饰等非言语交际的姿势形态，体态在交际中传递着重要的信息。手势是一种重要的体态文化。例如，在交际中人们常用V字形和OK形的手势。但需要特别说明的是，相同的手势在不同的国家可能代表不同的含义，同时，在表达相同的含义时，不同的国家也可能使用不同的手势。

综上所述，在语言学习的过程中会碰到各种文化因素，学习者只有最大限度地去了解和掌握这些文化内容，才能更有效地习得语言，提升自身的语言运用能力。尽管各国文化之间存在巨大差异，但在全球经济、文化多元化的影响下，不同文化之间也开始相互吸收、相互渗透。例如，在中国一些国际化都市，很多楼宇内都不设13层。中国的一些年轻人也开始吸收西方文化，许多西方节日如万圣节、情人节、感恩节、圣诞节等在中国已开始拥有越来越多的受众。越来越多的西方国家也开始吸收中国文化。例如，在中国生活、学习、工作的外国人的数量越来越庞大，他们学习、了解中国的传统文化与艺术，如书法、京剧、武术等，参与中国人的文化活动，在生活习惯、思维方式上与中国人的距离也越来越小。

第六章 英语系统功能语言学

第一节 系统功能理论

系统功能理论的形成与发展是学者们不断摸索、总结、完善的结果。下面我们就通过韩礼德不同时期的学术活动来了解系统功能理论的建立与发展过程。

一、阶与范畴语法

韩礼德的学术活动最初主要集中于汉语研究，20 世纪 60 年代，他开始将自己的研究重点转向了英语，试图建立普通语言学的描写模式。①

韩礼德的研究成果主要体现为《语法理论范畴》的发表。在文章中，他对语法描写中的“范畴”和“阶”进行了全面、成熟的论述，从而影响了语言学的研究。这篇文章被公认为“阶与范畴语法”的发端。

（一）语言（学）层次

20 世纪 50 年代末，乔姆斯基提出了“转换生成语法”，认为人们可以使用语言规则衍生出合乎语法的句子。

转换生成语法是对前人语言描写的补充，因此本身不带有理论性。韩礼德在美国讲学的过程中，向美国语言学界阐述了伦敦学派的观点，解释了语言在语法层面的工作机制，并论述了语法和词汇之间的关系。② 伦敦学派认为语言事实的描述应该基于对语言不同层

① 陈瑜敏. 深切怀念韩礼德教授［J］. 北京科技大学学报（社会科学版），2018，34（3）：34.

② 许颜. 再谈韩礼德系统功能语法对语言教学的启示［J］. 汉字文化，2021（18）：42-44.

次的说明上。语言层次不同，其描写过程也不尽相同。伦敦学派将语言分为三个层次：

（1）实体层。这个层次主要指的是带有书面性或声音性的语言材料。

（2）形式层。这个层次主要借助词汇和语法将实体组织成有意义的事件。

（3）语境层。这个层次指的是形式和语言情景中非语篇特征的关系。

（二）范畴

韩礼德对“范畴”这一概念进行了重新整合，他认为，语言具有四个范畴，分别为“单位”“类”“结构”和“系统”。①

语言通过上述四个范畴来具体说明语法形式，带有高度的抽象性。四个语言范畴并没有先后和主次关系，四者相互联系，密切配合。

（1）“单位”主要是用来说明语言中具有语法模式的语段。在具体的语言活动中，这些语段能够表现出意义的规律性。

语段有大小之分，但是需要注意的是，语段的大小并不是根据时间长短或者数字的多少进行划分的，而是根据一定的形式性划分的。基于此，韩礼德将英语分为了“句”“小句”“词组/短语”“词”和“词素”五个单位。

单位带有模式性。在语言活动中，这种模式性表现为直线性和重复性。

（2）“类”这种范畴是由上一层级单位结构的活动情况决定的，说明的是一种聚合。

（3）“结构”在语法中主要用来说明连续情况下事件之间的相似性的范畴。在连续的情况下，事件之间会呈现出组合关系，结构指的就是组合关系模式的描述。需要引起注意的是，表面上结构是由文字呈线性形式组成的，但组成成分之间的形式关系是“顺序”而不是“序列”。

（4）“系统”范畴的目的是说明在一系列类似项目中为何出现这个项目而不是另一个项目。

（三）阶

上述四个范畴之间的关系以及它们与材料之间的关系涉及三个显著区别的“阶”，分别是“级”（rank）、“说明”（exponence）和“精密度”（delicacy）。

（1）级的含义是“包括”，相当于等级体系的概念，具体是指沿着单一的方向由高层

① 成方志，王蕴颖．对韩礼德“阶和范畴语法”理论的批评［J］．滨州学院学报，2002（1）：48-51.

次向低层次的单位移动。

级中具体包含多少单位因具体语言而异，但不能只有一个单位，不过理论上可以只有两个单位。英语中的五个单位的等级关系，句—小句—词组/短语—词—语素。

说明阶将理论框架中高度抽象的范畴与语言资料联系起来，根据每一个范畴与语言材料的关系，可以将说明阶段分为四个类型：单位、结构、类、系统。

（2）有时从范畴到语言材料可通过其他范畴来实现，也就是说一个范畴可由其他范畴说明。例如，属于单位范畴的词组可由结构范畴“冠词+形容词+名词”说明。

（3）精密度阶用于表示范畴的区别及详细程度。精密度阶是一个连续体，一端是结构和类范畴中的基本等级，另一端是对该等级不能再做更细化区分的语法关系，也就是从选择的最一般的系统进入最具体的系统。精密度阶可看作组织词汇语法的一般原则，或者更确切地说是词汇语法中分配信息的原则。

二、系统理论

韩礼德提出了语义的深层应当是可以进行语义选择的系统的观点，即深层语法应当是系统语法。①

在叶尔姆斯列夫（Louis Hjelmslev）的理论体系中，系统也指聚合的概念，其定义为相关关系的等级体系。② 可见，系统是对集合轴上的关系的表述，是在一定环境下可以对比的特征集。对系统中的功能进行解释时要将其置于整个格局中，如在一个三项时态系统中，“过去”要与“现在”和“将来”对比。

韩礼德认为，如果按照这种方式表示聚合关系，那么语言项的整个语法描写应包含结构和系统两个部分。其中，系统描写仅是语言项目的一种表达形式，只能补充但不能代替结构描写。

（一）第一次修正后的系统理论

韩礼德在伦敦学派系统理论的基础上认为，采用“精密度阶”理论可以使特征部分有序化。

他认为如果一对系统中的一个系统的特征出现在另一个系统中，那么这两个系统就是等级的；如果两个系统呈等级次序，那么这些系统的特征也应有序。

---

① 杨雪芹. 韩礼德的生态语言学思想论析［J］. 连云港师范高等专科学校学报，2020，37（4）：26-30.

② 颜明. 叶尔姆斯列夫的语言观［J］. 渤海大学学报（哲学社会科学版），2005，27（4）：60-63.

例如，“陈述式/疑问式”系统和“直陈式/祈使式”系统存在等级关系，如果要在“陈述式/疑问式”系统中选择，首先要在“直陈式/祈使式”系统中选择。一定环境中的任何系统集都有可能构成一个系统网络，其中的一个系统必然会与另一个或几个平行关系系统形成等级关系。下面我们通过图 6-1 来了解英语小句的系统网络。

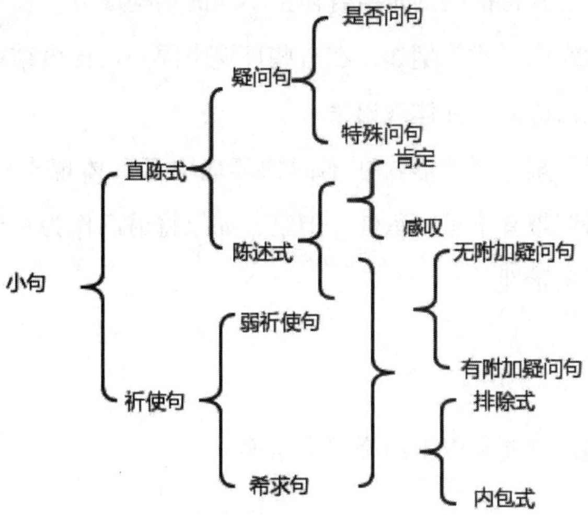

图 6-1　英语小句的系统网络图

以上呈现出的网络系统的起点就是组合关系所规定的，上述全部特征都和组合环境有一定的联系。系统网络的出现为不同的特征提供了相应的聚合环境，给出了对比特征以及结合的可能性。从这个意义上说，系统描写和结构描写相互补充，其中系统描写较为关注聚合关系，而结构描写则较为关注组合关系。

（二）第二次修正后的系统理论

在第一次修正的基础上，韩礼德进一步提出了系统描写是否可能成为表述的底层形式问题，也就是结构描写是否能从系统描写中衍生。如果可以，那么结构就具备可预见性。

将一个语言项目的系统描写作为该项目的底层语言表达，也就表示这一项目与其他项目的聚合关系有更为基本的特征，从中可以衍生出其内部（组合）结构。这样的底层语法就是以系统特征表示的“语义上显著”的语法，它可为诸多语言项目的“相关性”提供一个聚合环境，并在其他对比环境中作用。① 这样，系统的起始点就不再是结构，而是系统特征集合体的体现。这是韩礼德对系统理论的第二次修正。

① 胡壮麟，朱永生，张德禄，李战子. 系统功能语言学概论（修订本）［M］. 北京：北京大学出版社，2008.

（三）第三次修正后的系统理论

韩礼德对系统理论的第三次修正主要是考虑深层语法或系统语法在音系层的问题，尤其是语调和韵律问题。他指出，音系层也能体现出一定的语法特征。

在组合关系中，这种特征指的是组合体上不同的结构成分。在不同的语言环境中，同一特征会出现不同的表现形式。例如，在有些环境中同一特征由结构形式体现出来，但是在其他环境中则可能由语调特征体现出来。

从这个意义上说，某一语调形式在不同的环境中可以体现出不同的特征。这也就说明，在结构环境中语调带有不可预示性。但是，如果将语调作为系统特征的体现形式，那么系统语法就具备可预示性。

三、功能理论

韩礼德的功能理论主要有以下两个研究角度：

（一）系统与功能

韩礼德对功能描写理论的研究是为了探索系统网络中包含的系统以及不同系统的起始点。在最初的研究中，韩礼德是通过系统语法对语言的组合关系与聚合关系进行说明的。因此，功能描写理论中首先需要阐明语法单位，也就是需要对小句的具体功能进行描写。

韩礼德认为，完整的小句应该包括及物性、语气和主位三个系统。及物性系统与小句中表示的过程类型有关，过程又涉及参与者、属性和环境。

（二）功能与用途

韩礼德最初的功能描写理论存在一定的不足之处，那就是及物性、语气和主位等系统都是功能的概念。

基于对上述观念的修正，后来韩礼德在其发表的《语言结构与语言功能》一文中，从语言本质的角度出发，对语言结构和语法功能的关系进行了深层次的阐述。他认为，语言的本质和语言的功能有密切关系。功能在语言中反映出了其概念功能、人际功能和语篇功能。这三项功能都属于元功能的范畴，是语义层的重要组成部分。

韩礼德的这个观点将功能理论与语义学紧密联系起来，从而实现了功能理论的重大突破。

韩礼德指出，语言的元功能应该根据语言的不同用途进行细分，从而形成不同的语义系统。例如，概念功能包括及物性系统、语态系统和归一度系统，人际功能包括语气系统、情态系统和语调系统，语篇功能包括主位系统、信息系统和衔接系统。

第二节 系统语法

系统语法主要是对语言不同层次的规定，指出了如何根据语境在不同项目中选择有意义的项目。

一、系统的几个基本概念

（一）系统与网络系统

语言带有系统性和多元性，包含众多子系统。例如，人称系统便有着多种构成形式，根据不同的语言环境，交际时的人称需要关注具体的“言语角色”和“数”。可以说，“言语角色”和“数”便是人称系统的子系统。在不同的子系统中又有不同的分支。例如，“言语角色”可以分为第一人称、第二人称和第三人称三个子系统。“数”可以分为单数和复数。不同的子系统相互连接便构成了具体的系统网络。

（二）选择

不同的系统包括不同的子系统。因此，在语言交际中，人们可以对两个或两个以上的语言项目或语言特征展开选择。人们可以从时态系统选择“过去时”或“非过去时”，也可以从“非过去时”子系统中选择“将来时”和“现在时”。在选择的过程中，人们习惯选择二分法进行划分。选择二分法并不是硬性规定，因为在实际选择的过程中，被选择项目不一定局限于两个。

（三）从属关系

选择的成功与否和被选择项在逻辑上的特征有关，成功的选择就表示各项目逻辑共同特征。无论选择哪一种，都其备“时态”的特征，所以“过去时”“现在时”“将来时”与“时态”之间构成了从属关系（dependency）。如果项目之间不具备从属关系，是不能列入系统网络中的。

（四）意义与意义潜势

人类的语言表达带有一定的意义性。为了明确地表达出这个意义，人们会在系统网络中进行有目的的语言选择。也就是说，人们对语言项目的选择体现出人们已经选定了所要表达的语义。从这个意义出发，选择也就是意义的表达。

当交际者选择了“陈述”项，其语言就要表达陈述语气的语义；当交际者选择“疑问”项时，其语言就要带有一定的疑问含义。可以供人们选择的语言项目作为整体都是潜在的可供选择的意义，而这就是“意义潜势”。

二、体现

“体现”这一术语最初是由兰姆在层次语法中提出的。韩礼德借用了“体现”这一术语，用来说明语言不同层次之间的关系以及不同层次内部不同范畴之间的关系。在系统语法中，体现关系常用斜箭头表示，一般是体现在左，体现关系在右。

语言带有层次性，至少应该包含语义层、词汇语法层和音系层三个层次。语言的三个层次之间带有体现关系，也就是对“意义”（语义层）的选择体现于“形式”（词汇语法层）的选择，对“形式”的选择体现于对“实体”（音系层）的选择。

语义层是多项选择的结果。语义层在形式层中体现在词汇层和语法层上，语义层与形式层、实体层之间不一定存在对应关系。

三、从系统功能语言学角度进行的话语分析

分析系统功能语言学中的话语表达，意义是语言学研究不可或缺的一个组成部分。在韩礼德看来，说话者不同意义的实现是语言系统形成的主要原因。他的意义观主要是指他认为语言本身就是由很多不同的分系统构建成的复杂的符号系统，而意义就是传递的主要对象，不论是概念功能、人际功能还是语篇功能都是形成语言意义的部分之一。具体的话语分析如下：

（一）话语的概念意义

系统功能语法中的概念意义包括四个分系统：第一，人的系统，主要是指言语角色的分类以及数的不同，说话者的角色包括第一人称、第二人称和第三人称，数又分为单数和

复数；第二，时态系统，这个主要是过去式、现在式和将来式；第三，性别系统，主要分为阳性、阴性和中性；第四，语气系统，分别是陈述式、疑问式、祈使式和感叹式。系统中的项目有一些共同点，然而它们也是相互排斥的。每一个项目的含义取决于系统中其他项目的含义，一个项目的理解可以为其他项目提供帮助。例如，从词汇语法来看一个具象的话语表达模式，早睡这一具象的表达句式可以分为以下三种：

（1）I go to bed early every night.

（2）I want to go to bed early at night.

（3）I would like to go to bed at night.

从这三种表达来看，第一种是一个经常性的习惯行为的表达，第二种是说话者习惯行为转换为自身意愿的表达，第三种则是说话者心理折射的内容表达。由此可见，概念意义不同，所要表达的结构和话语意义都截然不同。

（二）话语的人际意义

人际意义的选择很大程度上取决于形式的选择，而这又是通过实际情况的选择来实现的。一些关键的、相互关联的术语给人际交往中的语法提供了有力支持，这是系统功能语法的核心部分之一。另外，系统语法在解释不同的人际意义上发挥着不同的作用，这是一种语言的功能组织和所有语言都有三种语义成分的主要原因。语言的本质在于它在社会生活中的独特意义以及它在交流中的作用，根据系统功能语法，不同的语言在建构概念成分和体现多样化复杂的社会关系上具有明显的优势。此外，语言是人与人之间顺利沟通的重要工具，能够进一步加深双方的了解程度，使人与人的情感得到深化。在韩礼德的理论里面，这些功能的每一个语法系统都有着密切的关系。例如，系统语法中的“情绪”被认为是与个人意义表达有具体联系的功能。在交际中，说话者对自己不赞同的观念进行表达时，会带有情绪地说“I totally disagree with your words.”一个简单的“totally”就表达了说话者的态度和看法。但是这种绝对性较强的词汇并不利于人际交流。在话语的人际意义中，自上而下地来分析说话者之间的表达含义是非常重要的，人际交往中的用词、说话者的态度都会影响人际交往的效果。

（三）话语的语篇意义

最后一个关键术语是话语的语篇意义，主要包括语法和词汇，这两者是同一个连续体的两端。所以当我们碰到一个词汇语法分析时，应该从两个层面来分析，包括它的“上面”和“下面”，其实就是它的语义和语音两个方面。根据韩礼德的观点，语法没有任何规则，只有无穷尽的各个系统。因此，我们可以很容易地得出一个结论，即每一个语法结构都涉及从描述的设置选项中进行选择。在传统的系统网络中，里面包含很多可用的选项，韩礼德在系统语法中关于情绪、力量、话题等都有具体的描述。系统语法是一个封闭的语法系统，其中有一些选择是有限的；然而，词汇是一个开放的系统，新的词汇一直都在进入一个固定的语言系统，所以组成的语篇意义也就不尽相同。比如，“sentive”和“susceptible”都有“敏感”的含义，但是在不同的上下文语篇中就会存在不同的理解。具体来说，“I am susceptible to what you said”，此时“susceptible”就不是“敏感”的含义，而是表示持怀疑的。理解词汇的意义需要结合说话者的前言后语或文章的上下文来进行全面理解。

第三节　功能语法

韩礼德在 20 世纪 50 年代创立了系统功能语法。这个语法系统综合了系统语法与功能语法。系统功能语言学认为语言是人类社会活动的产物，是人类进行交际的重要工具，承担着不同的语言功能。下面我们对语言的三个功能进行分析综述。

一、概念功能

韩礼德主张，语言的概念功能包括经验功能和逻辑功能。下面分别对经验功能和逻辑功能的表现形式进行总结。①

（一）经验功能的表现形式

经验功能指的是人类利用语言对现实世界中不同经历的表达。一般来说，经验功能主要是通过及物性和语态得以体现的。

1. 及物性

及物性主要是从语义角度进行研究的，指的是将人们在现实世界中的言语行为进行拆分，分为不同的“过程”。这种拆分是通过语言对经验进行的范畴化，并且指出了不同过

① 周海明. 论韩礼德的语言进化观［J］. 外语教学，2019，40（3）：49-55.

程中的“参与者”及“环境成分”等。

韩礼德认为，根据及物性系统可将经验分为以下六种过程：

（1）物质过程

物质过程指的是某件事的过程，这个过程一般是通过动态动词表示“动作者”，一般由名词或代词来表示“动作者”（actor）和动作的“目标”（goal）。

当一个物质过程既有动作者又有目标，所有的小句既可以是主动语态，也可以是被动语态。

（2）心理过程

心理过程指的是“感觉”“反应”和“认知”等的心理活动过程。这个过程主要由“感知者”和“现象”参与。感知者是心理活动的主体，现象则为被感知的客体。

心理过程的现象既可以指具体的人或物，也可以指抽象的东西或发生的事件。

（3）关系过程

关系过程主要反映的是事物处于何种关系的过程，可以分为“归属”类与“识别”类。

（4）行为过程

行为过程指的是诸如呼吸、叹息、苦笑等生理活动过程，其一般只有一个参与者，即“行为者”，行为者通常是人。

（5）言语过程

言语过程就是通过讲话交流信息的过程。在言语过程中，“讲话者”一定是人。

（6）存在过程

存在过程是表示某物存在的过程。存在过程最常采用的动词是“be”，而且一定有一个“存在物”。

2. 语态

在功能语法中，如果说及物性是以交代各种过程及与其有关的参与者和环境成分来反映语言的概念功能，那么语态就是交代某个过程首先与哪一个参与者建立联系。

韩礼德将语态分为“中动”和“非中动”两大类，其中非中动语态又可以进一步分为主动和被动两种形式。①

（1）中动语态。当某个过程本身只与一个参与者有关，不涉及其他参与者时，则说明

① 许颜. 再谈韩礼德系统功能语法对语言教学的启示［J］. 汉字文化，2021（18）：42-44.

这个过程中的小句处于中动语态。

（2）非中动语态。当某个过程与两个或两个以上的参与者有关，表现这个过程的小句就处于非中动语态，其具体包含主动语态和被动语态两种类型。

主动语态是指小句中的过程首先与动作者发生联系。例如：

The cat broke the glass.

主动句一般都有一个及物动词或者有一个相当于及物动词的短语动词。

例如：

Everybody likes the film.

He put forward this suggestion at the meeting.

被动语态指的是小句中过程与目标的关系。在被动句中，主体体现的是目标，一般由名词词组充当，过程则通常由“助动词 be+及物动词+-en 分词”的形式构成，动作者一般由“by”引导。被动语态还可以由“get+及物动词+-en 分词”的形式来表示。

（二）逻辑功能的表现形式

所谓逻辑功能，是指语言所具备的反映两个或两个以上语言单位之间逻辑语义关系的功能。韩礼德从相互依存（interdependency）和逻辑语义关系（logical-semantic relation）两个方面来研究和分析了逻辑功能。①

1. 相互依存

韩礼德指出，相互依存是指任何两个不同语言单位之间的各种依赖关系。相互依存具体分为两种：并列关系和主从关系。

并列是指两个或两个以上的语言单位同等重要。并列关系既可以出现在词复合体中，也可以出现在小句复合体中。

主从是指两个或两个以上的语言单位在逻辑和语义上处于不同的地位，其中的一个单位要比其余单位重要，其他单位要依附于这个单位。主从关系同并列关系一样，既可以出现在词复合体中，也可以出现在小句复合体中。

2. 逻辑语义关系

韩礼德将语言单位之间的逻辑语义关系大致分为两类：扩展和投射。

---

① 胡壮麟. 后韩礼德时代功能语言学的发展趋势［J］. 当代外语研究，2021（1）：44-53+2.

(1) 扩展

扩展是指一个词或一个小句在语义上对另一个词或小句进行扩充。扩充的形式有三种，分别是详述、延伸和增强。

详述是指变换说法来表示已经表述的语义，两种说法在内容上是相同的；延伸是指在原来的语义上增添新的内容；增强是指通过交代时间、地点、因果等环境因素来对小句语义加以说明。

(2) 投射

投射指的是由一个小句引出另一个小句的现象。其中，被投射的小句可以是某人说的话，即“话语”，话语可以是直接引语，也可以是间接引语。此外，被投射的小句还可以是某人的想法，即“注意”，注意可以是直接引语，也可以是间接引语。

二、人际功能

语言不仅具有表达讲话者亲身经历和内心活动的功能，还具有表达讲话者身份、地位、动机以及对事物的判断等功能，这一功能就是“人际功能”。人际功能包含语气、情态和语调三个语义系统。

(一) 语气

英语中的陈述和提问通常都是由某种特殊的语法变化来表达的，这种变化只发生在小句的一部分上，其他部分不受影响。

语气具体包含两个部分：一是主语（subject），可由名词性词组充当，也可由具有名词特性的词、词组甚至小句充当；二是限定成分（finite element），属于动词词组的一部分。限定成分指的是表达时态（如“is”“has”）或情态（如“must”“can”）的助动词。英语中的限定成分常需要与词汇动词合并（如“loves”）。

主语与限定成分密切联系，相互结合形成一个成分，即语气成分。语气成分是在小句中实现语气的成分。小句表达语气的一般原则是：通常用于交流信息的语法范畴是“直陈”语气，用于表达提问的是疑问和“特殊”疑问。

小句的其余部分称为“剩余部分”，包括三种功能成分：谓语（predicator）、补语（complement）和附加语或状附加语（adjunct），每一个小句中都包含一个谓语、一个或两个补语、多个附加语。谓语出现在所有非省略整句中，包括除限定成分之外的整个动词。谓语具有四种功能：规定说话时间以外的时间参考点，即由过去、现在、将来三种主要时态派生出来的各种次要时态；规定其他体或相；规定语态（主动或被动）；规定主语经历的过程（行为、事件、心理活动、关系）。补语在英语小句中不是主语，但有可能充当主语的成分，通常由名词词组来实现。补语不仅包括任何不做主语的名词词组，还包括不能做主语的成分。附加语是句中不能做主语的成分，其通常由副词词组或介词短语来实现。

（二）情态

情态是对命题和提议做出判断或评价的一个系统。广义的情态也包括意态。

情态可以从主观与客观两个角度来表达，韩礼德将之称为“取向”，明确的主观取向和客观取向都是由小句来表达的。

（三）语调

在人际功能中，语调也是重要的表达方式。一般来说，语调的语义特征是由音系层的声调（tone）进行表达的，也就是“升降曲线”。

声调的基本单位是“调群”。调群包含一个或几个“音步”（foot），音步则包括一个或几个“音节”，在语法中，与调群最接近的是小句，通常一个小句是一个调群，但并不是每个小句都是一个调群。调群中总有一部分十分突出，突出部分就是“声调重音”。声调重音总会落在一个重读音节上，这个音节称为“声调重音音节”，其在调群的声调中起主要作用。

调群又包含单调群和双调群两种形式。韩礼德将单调群中的语调分为调 1（降调）、调 2（高升调）、调 3（低升调或平调）、调 4（降升调）、调 5（升降调）五种形式；将双调群分为“主调”和“次调”两种类型。

三、语篇功能

语言的功能最终是通过有意义的表达进行展现的。语篇就是有意义表述的集合体。语篇从属于语义的范畴，语篇功能具体指的是将语言成分组织成为语篇的功能。一般来说，语篇功能主要是通过主位结构、信息结构和衔接三种方式实现的。

（一）主位结构

依据实义切分法，系统功能学派划分句子为两个成分，分别是“述位（Rheme）”和“主位（Theme）”。不同于句法结构划分句子成分语法理论，形成主位结构，通常属已知信息，位于句首，是说话的出发点。后说的属新信息，位于主位后，围绕主位逐步展开实际内容，是述位。多重、简式和句式是主位的三种类型。

多重主位，通常遵循的排列顺序是“语篇主位+人际主位+概念主位”，由两种或三种元功能构成。须先指出句子中第一个概念成分出现，方可穷尽其主位意义。另外，语篇主位由连词“and”“but”“if”等起连贯作用的词充当，有衔接语篇的功能。人际主位体现判断性的人际功能，由表示主观估计词充当。概念主位和传统意义上的主语一致，由表示主题的名词（词组）充当。

简式主位，通常经副词（词组）、名词（词组）或介词短语体现，只体现一种元功能的主位。“无标记主位”，指简式主位充当传统语法的主语，但是“标记主位（marked theme）”，则其主位不完全等同于主语。

句式主位，指首先出现在并列句或主从复合句的整个小句所构成主位，加上主位和述位存在于句式主位连同述位中的小句中。疑问句的主位结构遵循：共同充当主位的是其中的“助动词”与“主语”，剩下的均是述位。例如：And later aboat（T）/will put in there（R）. 其中“and”表示和上文连接，是语篇主位；aboat 是概念主位；later 是说话人对时间的主观判断，是人际主位。

主位、述位两者间，在一个连贯的语篇中，通常存在某些紧密联系，引导读者从上段读到下段、从上句读到下句。主位—述位之间不断向前推进，且纵横交错，就是遵循某种模式完成实施。

1. 延续型

最终形成单向链型结构，后句的主位是前句完整或部分述位。也就是说前句新信息延续地推动内容展开，成为后句的已知信息。

2. 平行型

经述位引出未知信息，以主位为信息中心，被称为主位同一型，但述位不同。

3. 交叉型

后句的述位，就是前句部分或完整主位。

4. 集中型

主位不同，但是述位相同。各句述位常起强调作用，能够承载相同的已知信息，主位承载不同的新信息。

单一模式的语篇在实际情况中较少，上述四种推进模式在多数语篇中均有融合。临时变化的一些语境和交际需求，使得语篇按照违反常理模式推进，只要符合规律的，称其发展是连贯的。

（二）信息结构

信息结构指的是将语言组织成为信息单位的结构。

在信息交流中，信息单位是最基本的单位。而所谓信息交流，就是言语活动中已知信息与新信息之间的相互作用。可以说，信息结构就是已知信息与新信息相互作用而构成的信息单位的结构。

信息单位的基本构成形式是：（已知信息）+新信息。从这个式子中可以看出，在每个信息单位中，新信息是必须存在的，没有新信息的单位是不完整的，也是不能成立的，而已知信息则是可以取舍的。

（三）衔接

衔接是一个语义概念，是指语篇中语言成分之间的语义联系。当语篇中的一个成分依赖于另一个成分的解释时，衔接关系便产生了。

衔接可分为语法衔接和词汇衔接两种形式。其中，语法衔接又包含照应、省略、替代和连接。词汇衔接包含重复、同义/反义、上下义/局部整体关系和搭配。

四、英语动词化的系统功能性

（一）英语动词化现象的系统功能语言学分析

1. 动词化形成的系统功能语言学阐述

在研究动词化形成的系统功能语言学过程中，对语义范畴的研究属于重要环节之一。同时，还需要加强对范畴化的理解，其实际上属于在对比主客观事物的基础上对相关事务开展分类的过程。在系统功能语言学中，范畴的地位是至关重要的，主要是其不仅含有各种成员的属性，而且还呈现了重叠性特征，简单来说就是各个成员之间具备“family”属性。另外，范畴化与系统功能语言学之间还存在较大的关联性。可以说，范畴是其具体应用的前提与基础，对其应用成果的影响是重大的。通过对系统功能语言学分析可知，认知的结构是其必不可少的，是在人脑中存储的结果，也正因为如此才能够促使英语学习者形成有关心理词汇，在实际应用过程中，可促使心理词汇进行转化，也就是变成语言，为一词多义的解释提供了有利条件。

在系统功能语言学中，语义范畴表示方式是比较简单的，一般来说，仅用一个词语就可将其表现出来。在表现范围方面，其通常不会偏离此词的意义，都会在其含义范围之内。对于典型的词语，在实际运用中，人们对其第一时间的感知结果，通常为官方释义。

在大千世界中，不同人对世界的感知也存在差异性，但是在表现方式方面却呈现了一致性，其并不是完全不变，而是处于不断变化当中。正因为如此，在借助系统功能语言学进行释义环节，因为其扩展程度是呈扩大趋势的，所以可以想到的抽象结果也会与日俱增。在此情况下，"tree"的动词化形成，对其定义也呈现了多种多样的特征，而且即使是不同的释义，其之间也存在着一定的形似性，这就赋予该动词的"family"属性，即家族性。与动词释义相比，名词释义所表现的代表性会强一些，而且名词释义的形成时间也要早于动词。

2. 动词化形成的意象图式

动词化形成的意象图式的含义比较复杂，要想对其进行清晰的阐述，需要以功能语言学为依托。在此方面，其对该概念的理解，主要是以事物之间的基本关系为基础，以此基础上进行相关认知结构的描述，所建立起来的联系，呈现了抽象性特征，其中离不开人们对有关事件的理解及其生活经验。此过程实际上也属于认知过程的一种，不仅需要及时总结，而且还应该进行反复的体验。

众所周知，人与外部之间是存在密切关系的，且此种关系类型为空间形式，要想形成具有相应意识的图式，不仅要具备一定的经验，而且还需要进行多次刺激。除此之外，为了探寻到最具世界意义的意象图式，应该加强对当前世界的理解，并积极开展相关的推理工作，以便形成与之相适应的推理形式，为基本架构的建立和完善奠定良好的基础。

3. 系统功能语言学

在英语学习方面，系统功能语言学所发挥的作用是不可替代的。尤其在词义的基本特征方面，借助该语言学能够提升认知水平。在实际阐述中，通常会借助各种概念与方式有针对性、目的性地调整知识系统，促使其成为具备层次感的网络，以此为依据，搭建并完善相关体系结构。从整体角度来看，在英语动词化现象方面，系统功能语言学阐述属于比较基本的类比模式。在人的大脑感知区域，会出现具有代表性的类比模式，可对该语言学阐述进行及时有效的反馈。从系统功能语言学阐述来看，其中类比属于隐喻思维模式的一种，可在一种事物的基础之上，实现对另一种事物的创造，即使所创造的事物是不同的，但是其会存在共同特征，不同事物的内部之间呈现了关联性，这也是系统功能语言学较为显著的特征。

4. 概念隐喻

在系统功能语言学阐述中，其所运用的思维模式有多种，其中概念隐喻就是最重要的一种，具有重要的作用。主要是因为在概念隐喻思维模式的运用中，会充分地融入人们的思想与行为，有助于进一步完善系统功能语言阐述模式。在日常生活中，人们也都有自己的思维模式，如结合对过去的理解，对具有实务的概念，形成相应的认知模式，此模式最主要的特点为具有较强的联系性。隐喻功能在系统功能语言学阐述过程中是不可或缺的，不仅能够有效填补词汇空缺，赋予所形成事物新的认知，而且在英语动词化中所发挥的作用也是不可替代的，可对相应的空缺进行填补。

另外，也有相关文献认为隐喻是英语动词化现象系统功能语言学阐述特征之一，并将名源动词包含其中。从英语动词化现象的角度来看，转换是具有重要意义的，有助于促使隐喻功能的充分发挥。

（二）影响系统功能语言学阐述的因素

在系统功能语言学阐述中，存在多种不确定性因素，其中影响最大的两个因素为突显和百科观。

1. 突显

在系统功能语言学阐述方面，突显是不可忽视的因素，其主要是由侧面与相应的基体构成的，此种形式较为特殊，可将其看作一个基本。针对英语动词化现象，每个词语都有其基本，也就是指可唤起的相关概念结构，其在词语描绘方面有着重大功能。不同词语所唤起的感知存在很大的差异性。

例如，指节可唤起的感知为指头的认识。可见词语的基本影响着词语的描绘。词语的侧面，顾名思义指的不是词语涉及的所有部分，而是其中一部分，在整体部分中，该部分表现了特殊性，被突显出来。例如，在指节探讨中，会很容易产生其是指头构成部分的想法，这就是从词语侧面来看的。再如，针对房顶，通常会想到房子的关键组成部分。在语法范畴中，词汇的侧面也是比较重要的，其对词语的实际意义具有决定性作用，其实际上也是一个表现形式，对名词与动词的含义产生重要影响。例如，名词和动词分别代表具体的事物与一个过程，二者之间之所以存在较大的差异性，主要是因为其本身的侧面所在不一致的地方。名词和动词分别代表着静态的不同方面与发生的不同时间。虽然侧面对其名词与动词所代表的事物有很大的影响，但是其并不仅仅局限于此。例如，名词还可代表动词、过程等。所以，这就需要对认知进行改变，在看待动作与过程时，可将其作为具体的事物。例如，一般情况下，“knife”的含义为小刀，但在具体运用时，“knife”还能够代表动词化的意义，属于一个比较具体的过程。在此过程中，该词语的侧面主要表现为人对刀子的完形感知。基于此，在系统功能语言学中，可将名词转化为动词看作侧面过程，在这个过程中，可对其词性进行明确，如果其所表达的形式不同，那么其对意境的描述也会不一样。在进行词性转化环节，不可避免地会促使意象出现变化。其中，具体的事物是其相关表现呈现的重要载体，人们不仅可对事物的侧面进行良好的感知，还可在这一基础上逐渐向事物比较突显的部分进行转化。

2. 百科观

在语义分析中，百科观属于重要环节之一，对系统功能语言学阐述也进行了相关表述。倡导在认识系统功能语言学的过程中，应该具备扎实的知识基础，以便加强认识与了解。同时，也强调了该基础是知识架构的基础，对人们认知事物的水平具有重要影响。例如，面对已知的词语，会在脑海中产生第一感觉，可将此种感觉作为第一感知，在现实生活中，将其感知融入其中，就是所谓的知识架构。此观点不仅对事物的认知有帮助，而且还能够有效把握动词化现象，有助于在整体上提高认知的正确性，对消除误解具有积极影响。

例如，在面对“shylock”这一词语时，了解莎士比亚的人，会在第一时间联想到作品中吝啬、贪婪的家伙。可见，基础知识的重要性，其可为系统功能语言学的正确认识奠定良好的基础。在语义分析时，若是缺少扎实基础知识的支撑，就会加大对动词化表达含义的理解难度，降低认知水平，严重时还会造成误解，也不利于进行系统功能语言学阐述。为此，应该不断丰富背景知识，提高知识含量，以拉近和作者参考知识之间的距离，加深对作者意思的理解，降低误解问题发生的概率。

第四节　系统功能语言的应用

基于系统功能语言学视角的英语教学研究具有积极的意义，它将有效推动英语语篇教学、口语教学、写作教学等，促进学生英语交际能力的发展与英语文化的传播。

一、系统功能语言学视角下的阅读教学

目前英语阅读教学主要采用三种基本模式，一是“bottom-up strategy”教学模式，即

通常所说的自上而下式阅读教学，根据阅读预设，学生一边阅读一边进行检验，检视预设是否正确，从而在不断预设、不断检视中进行阅读学习；二是“top-down strategy”模式，即所谓的自下而上式阅读，一般是按照语篇的组织结构，从最小的音词入手，逐步地获取信息，完成对语篇的解读；三是“interactive roodel”阅读模式，即相互作用式阅读模式，该模式强调英语语言文字处理，又着重于引导学生借助既有的知识进行阅读加工。这三种阅读模式既有优点，也存在不足，但是都过于注重学生英语词汇、英语语法抽象阅读理解能力培养，造成语篇阅读的肢解现象，不能从语篇整体来解读语篇。系统功能语言学视角下，英语语篇教学将从肢解式的语篇阅读向基于语篇整体阅读转变，帮助学生主动地进行知识构建，从语篇主题、结构、文体等视角对语篇展开阅读教学。这样就构建起以语篇为基本阅读单位的英语教学模式，注重从句间结构、句间关系、段落关系等帮助学生建立起联系的阅读思维，在整体感知中把握语篇的阅读主题，通过找关键词、中心句、理清语段大意等方式，有效把握阅读文本的思想主体，进而使学生能够掌握一类文体语篇阅读方法，提升学生语篇阅读能力。

二、系统功能语言学视角下的翻译教学

翻译教学是英语教学的重要内容之一，它是学生获取信息以及进行信息输出的一种有效途径。目前大学英语对学生翻译能力要求不高，能够运用英语进行简单的翻译对话活动即可。从英语教学的现状来看，大多数英语教学中，教师对英语翻译教学的重视程度不够，英语教学过于重视学生听说读能力的培养，学生英语翻译能力比较欠缺；翻译教学的形式也比较简单，主要实施静态式的翻译教学模式，学生的翻译学习主要根据原文，缺乏创造力，学生逐字逐句翻译，学生在翻译过程中普遍存在用词不当的现象，缺乏语用规则，逻辑性也亟待提升。

系统功能语言学视角下，将着力于实现二语之间的对等关系，建立起英语与汉语之间的对等关系，这种对等关系不是基于语法意义上的对等，而是基于语篇意义上的对等。学生通过翻译学习，能够实现二语语言在整体语用情境中的对等，也就是在语境中，二语能够实现有效的互换。学生不再拘泥于一种语言的语法结构或者句型结构，而是在意义对等的前提下，寻找一种与原文最近似的翻译形式，实现表达意义上的对等。基于系统功能视角的英语教学，将打破英语翻译功利化教学现状，而是基于英语语用的视角，帮助学生融入语用情境中，深层次地了解英语原文表达的意义，准确把握语用情境，这样就可以进一步提升学生英语理解能力的发展。基于英语语言交际的视角实施英语教学，摆脱了英语翻

译教学应试的教学现状，促进学生借助英语翻译进行语言交际能力的发展与提升，最终达到运用英语进行交际的功能，有助于促进学生综合素质的发展。

三、系统功能语言学视角下的口语教学

随着人们对英语语言的认识归位，高校英语口语教学得到人们的普遍重视，基于英语口语教学的研究也不断深入。但是高校口语教学的现状并不乐观，造成这一现状的原因是多方面的，既有学生英语词汇量缺乏因素，也有语法问题、汉语母语的影响以及英语语用文化的差异性等，这种现状是传统英语应试教学的结果，过于注重语法教学，只是英语知识教学，造成了“哑巴英语”的英语教学现象，学生成为知识的容器，不敢说，不敢表达，英语脱离学生生活，脱离语用情境，学习形式单一，难以激发学生英语学习的兴趣与热情。

系统功能语言学视角下，英语口语教学将呈现全新的面貌，采用全新的教学理念。首先，英语口语教学将着重培养学生基于英语语境下的语言分析能力与转换能力培养，从而促进学生口语交际能力的发展。系统功能语言学视角下，学生口语将借助语境作用力，从英语语境、文本主旨、英语语言形式等角度实施口语教学。由于结合语境，学生的口语学习不再是单调枯燥的，而是实现英语口语学习的场景化，激发学生口语学习与表达兴趣，从英语文本视角来分析，学生将根据文本主旨选择合适的表达方式，或者是直接的，抑或是委婉的，口语表达将更加得体准确；从语言形式角度分析，需要学生基于上述两个角度，准确把握语用情境，熟练掌握英语语用规则与习惯，包括英语语境下的语用文化等，拓展学生的英语知识面。这样高校口语教学将有效借助情境，推动学生参与角色扮演，在英语语用活动中提升口语表达能力，让学生全方位动起来。

四、系统功能语言学视角下的写作教学

传统英语写作教学过于注重写作过程中的语法教学，学生写作学习基于词汇、句子写作，忽视既有语篇的意义构建。因此，在学生写作学习中，学生往往忽视句子与句子之间的关联性，没有将句子构建成一个系统的语篇整体。学生在写作过程中虽然没有出现过多的语法错误，但是短文内容表达的意义缺乏连贯性，或者关联性不强，主题不突出，往往是句子意义表达清楚了，短文意义或者主题不清晰，失去了英语写作实际意义传达功能。

系统功能语言学视角下，英语写作教学将从注重语法结构教学向意义构建转变，教师将引导学生深入挖掘文本语篇意义，准确地把握作者的写作意图与表达的思想内涵、交际

目的等。

这无形中培养了学生语言感悟能力，从而促进学生语言运用能力的发展，挖掘学生英语写作潜能；学生写作侧重点将不再拘泥于词汇、句子表达，而是着眼于短文表达的整体，充分考虑写作过程中的构思，着眼于语篇的谋划，优化写作的布局，促使学生善于优化英语语言表达，选择最贴切、最符合语境的语用表达方式，有效促进学生英语写作能力的提升，进一步凸显英语写作的信息交际功能。

五、系统功能语言学视角下的文化传播

英语作为一种语言交际工具，文化传播是其主要任务之一。因此，英语教学不仅是传播英语知识，更是借助英语语言的交际功能，有效地传播信息，促进世界文化的融合。在全球经济一体化发展趋势下，英语要切实肩负起文化传播的责任，在全球经济活动中，有效地实现经济互动、融合与文化互动、融合。传统英语教学中，教师基于学科教学的理念，过于注重英语词汇教学与语法教学，忽视英语的工具性。

系统功能语言学视角下，英语将成为推动世界文化传播的重要工具，而且基于语言学研究的教学实践也必将推动英语教学完善，英语文化传播功能将提升学生的软实力。基于系统功能语言学视角英语文化传播价值的实现，需要遵循导入性原则，将文化传播有机融合在英语教学中，适度传播，循序渐进，实用有效；文化传播的形式要自然，有机融合在高校各个教学环节中。

总之，系统功能语言学视角开阔了英语教学的理论视角，从多元化视角重新审视英语教学实践。英语教学要从语言学比较的视角，积极探索系统功能语言学在英语教学中的应用，建立起比较的思维、联系的思维，推动英语教学的全面优化与创新，充分发挥英语交际功能，提升学生运用英语进行交际的实践能力，促进学生综合素质的发展，促进高校人才培养质量的新突破。

第七章 英语应用语言学

人们借助语言交流思想，人类文明通过语言得到传递和积累，个人依赖语言接受教育得到成长，社会依靠语言使文化代代相传。语言习得是每个人最初、最重要的习得，是其他一切学习的基础。语言在人的发展过程中占据着重要地位。本章主要介绍应用语言学的基本理论，涉及交际理论、动态理论、中介理论、潜显理论、层次理论、人文性理论六个方面。

第一节 交际与动态理论

一、交际理论

（一）交际理论的主要根据

1. 万事万物都在交际

万事万物在跟别的事物交际、交流、交换、沟通中才能出现、存在、变化。事物跟别的事物交际、交流、交换、沟通的情况构成了事物本身。交际之外无任何事物，交际之外无语言。这里涉及一个研究方法，如提出一个问题，要一直问到公理和事实的层面。公理和事实的层面是最基本的层面，在这个层面上往往道理和事实是紧密联系在一起的。这个层面也是最高的层面——哲学的层面。哲学的层面不是让人感到云里雾里、玄而又玄的层面，而是让人有一种回归和醒悟的感觉，在这个层面上建立的道理比较可靠。在还需要论证的层面上建立的道理有时候是一种假设，不是都不可靠，但是需要论证。

2. 人在相互交际

万事万物都在交际，人在万事万物之中，当然也在交际。这是公理之上的类推，用的是让步的方法，还属于公理和事实的层面。人际交往是人跟万事万物交际的一个重要方面。

3. 人使用语言来交际是为了交际便捷

人可以采用的交际方式有很多，人为什么采用语言作为人类最重要的交际工具呢？这还是交际决定的。人有眼耳鼻舌身意的感觉，却选择用嘴来说、用耳朵来听有声语言，而又选择用眼睛来看书面语言，都是为了交际便捷。假如用鼻子闻、用舌头舔大概都不方便。明眼人用手摸也不方便。人使用语言来交际、思维和认知是在人的交际、思维和认知的过程中为了便捷选择和完善的。

4. 语言为交际而出现，为交际得好而发展

语言的出现是为了人的交际需要，语言的发展也是为了人的交际进一步的需要，因为人类要发展，人类的交际要发展。交际是语言出现的原因，也是语言发展的原因和动力。语言随着社会的发展而发展只是说了语言发展的外部原因，总之，还是随着交际的发展而发展的。

（二）交际理论的基本内容

1. 交际能力是最基本的语言能力

关于语言能力，人们有不同的看法。乔姆斯基认为，人天生具有语言创造能力。不过，他没有明确说语言的词汇语法方面也是与生俱来的。① 交际能力是最基本的。从语言使用的角度看，最好的情况是“知其然，还要知其所以然”。知其所以然的目的是进一步知其然，而不是跟知其然无关甚至妨碍知其然。需要强调的是，一些语言学家自己的语言不够生动活泼，还经常反对生动活泼，动不动就指责别人不规范，以深奥为能事，这种语言观是跟交际观格格不入的，这可能跟以前主要受到语言知识能力的教育而没有受到应有的语言交际能力的教育有关。

2. 在多样的语言交际中实践语言交际能力

过去的语言教育中也提倡语言实践，但是这种实践常常是在“温室”里进行的。这是语言应用观念的一个重大改变。人是分层次的，语言是为各个层次的人服务的，人不纯怎

① 王宝. 乔姆斯基普遍语法的解析［J］. 小说月刊，2021，（7）. 11.

么谈语言的纯？由此而言，即使人纯了，纯的人学习语言也有个过程，在学习过程中的过渡语是不到位的、不规范的，也还是不纯。而且，不规范的语言现象也会产生。语言教学，有的要用模拟的方法，但是要注意让学生知道生活实际中的情况。

3. 应该以交际值作为衡量语言规范的标准

语言的基本功能是交际。规范是为了更好地交际。交际到位的程度——交际值或者交际度应该是衡量规范的基本标准。应该把规范同规则或者某些本本上的规定区别开来。规范是在语言不纯的情况下进行的，搞规范不是求语言的纯。不应该有妨碍交际的规范。规范同稳定没有必然的关系。规范或者不规范也不看过去有没有这种观点，而是看现在是否需要这样说和语言的系统是否允许这样的说法出现。

它可以用，须说出道理；若是不可以用，也要说出道理。现在比较流行的“如果这个说法可以成立，那么其他的也都可以说了”的论证方法本身就不妥。因为语言现象的类推是有条件的。近几年来，不少学者进行语言现象延伸段的研究，是很有意义的。

4. 语言交际能力的实践不是一次性完成的

语言素质也是有层次的。小学生的语言素质同大学生的语言素质不同。大学生也要进行语言交际能力的实践。素质可以提高，也可以滑坡。素质不是单一的，是综合体。语言是发展的，不顺应、引导语言的发展，轻则素质滑坡，或者说起初基本的素质实践就有根本性的缺陷，重则会对语言的发展反感。实际上语病也处在不断潜显的过程中。语言素质可以说是不进则退。

交际能力并非一次性完成，还表现在语言的时代性上。应该让学生学习鲜活的语言。例如，已经有学者提出中学生要多读些时文。古代的语言教学一方面是为了启蒙，另一方面是为了解经。启蒙没有什么不好，不够的是启蒙之后怎么办，在学习的层次性方面不够。解经，如果经是值得读的，这也不错，不够的是经也是要发展的，经的语言表达也要发展，在鲜活方面不够。学习还要有一定的量和质。一定的量，可以内化，可以生巧；一定的质，可以提高层次。

5. 要重视创新

除上面说的语言知识能力、语言交际能力、语言研究能力之外，还有一个更重要、更高层次的语言能力——语言创新能力。人们常说的语言灵气，主要在语言创新方面。中国有鼓励创新的传统，也有不要人创新的传统，这方面的俗语、哲言就不少。不要人创新的这个传统，实际上也是世界性的。我们的教育在鼓励创新方面很不够。

《马氏文通》后序说：“世界上一切人种，不论肤色，天皆赋于心之能意，意之能达之理。”① 这和乔姆斯基的语言“与生俱来说”颇为相像。这一观点，今天的学者耳熟能详。然则马氏在100年前开现代语言理论风气之先，是中国语言学的骄傲。劳动创造语言说，是指人类初期。犹如说人是猴子变来的，是指人的初期。目前是指现代人，而人们后天的任务是唤醒。唤醒，主动权在睡着的人的手里，看他愿不愿意觉悟。唤醒者就不能以己昏昏，使人昭昭。要高层次，要有耐心，有技巧。唤醒也不是一次性完成的。唤醒之后还会睡着。

人基本上具有他以前的信息，唤醒得不得法，会唤醒低层次的信息，而阻碍他高层次的信息被唤醒。各个部分的唤醒不是同步的，有人在进行语音训练时发现，第一步是对自己的发声器官的发现和认识，也就是要运用自己的意识去唤醒处于睡眠状态的发声器官，去开发和利用那些潜在的能力。生理机制正常的人，几乎都有这种潜力，只不过有的人得到了机会进行开发，而有的人一生也没有被唤醒。

现有的稳定部分当初都是创新部分，创新部分是稳定部分的唯一来源。特别要鼓励创新。教材要帮助学生创新。教师要在创新方面进行身教。一切语言示范者要在语言规范和语言创新两个方面起到表率作用。对学生语言学习的测试，也要注意语言创新方面的测试。学生的学习是为了社会的发展。在学习的过程中就要发展，尤其是大学生。法乎其上也还是模仿，还要脱颖而出。创新不等于降低层次，不等于奇谈怪论，不等于一般形式上的变化。

（三）交际理论的发展

很多学者很早就认识到语言不是普通的工具，具有人文性。近些年来，许多学者重视这方面的研究，也跟我国社会语言学的发展有关。社会语言学重视社会因素，重视群体的特性。要注意的是：第一，此处说的人文性，不包括属于上层建筑的有阶级性的部分；第二，语言的人文性不仅仅表现在是文化的载体，还表现在运送——传播方面。

工具性与人文性不是二元论。交际是包含文化的交际。我们往往还是简略地说语言是人类最重要的交际工具。不能因为没有说是文化的载体就一定片面，而是要看所说的交际里面是不是包含了文化。其实，说是文化的载体也不全。更全面地说，语言是人类最重要的认知、思维、交际的工具。也可以认为认知、思维是交际的一种方式，而只说语言是人类最重要的交际工具。

在相当长的一个时期里，中国的语言理论受索绪尔和斯大林的影响比较大。这些影响

---

① 杨娟丽.《马氏文通》的内容及其重要贡献［J］. 北方文学，2019（21）：250，252.

既有积极的，也有消极的。索绪尔提出语言是静态的平面的共时的系统。认为历时的研究都是要素的研究语言。认为历时的研究都是要素的研究，纵横交错的研究既做不到，也没必要。背景是对历史比较语言学缺陷的矫枉过正。斯大林提出语言的本质特点是基本词汇与语法。因为基本词汇稳定，语法更稳定。

胡裕树①先生曾指出，语法学可以说是一门研究句子构造规律和运用规律的科学。他认为语法是句子结构和使用的规律。吕叔湘②先生在《语言作为一种社会现象——陈原〈语言与生活〉读后》说："语言是什么？说是'工具'。什么'工具'？说是'人们交流思想的工具'。可是打开任何一本讲语言的书来看，都只看见'工具'，'人们'没有了。"③ 吕先生指的不是个别现象，而是此前的"任何一本讲语言的书"。即使是对工具的认识也是不够的，没有很好地认识到是动态的新陈代谢的巨系统。

交际理论认为，世界万物要交换能量而存在、变化、发展。宇宙万物在相互吸引、排斥、中和中实现动态的平衡。社会中的人需要协调，需要交际。语言也因此而产生和发展。语言存在于交际中，没有交际就没有语言。交际是语言发展变化的动力和目的，是决定语言现象的根本条件。语言生活的健康、丰富、活泼，是语言工作、语言研究、语言教学的目的和检验的标准。在交际面前，任何语言学流派、任何语言学家，顺者昌，逆者衰，概莫能外。

总之，交际是语言的本质，这是交际理论的基本思想；应该为语言交际而研究语言，这是交际理论的研究目标。交际理论是应用语言学理论的总纲。

二、动态理论

（一）动态理论的主要根据

1. 运动是绝对的

万事万物都是运动的。风在刮，水在流，车在跑。桌子、椅子好像没有动，其实它们

① 胡裕树，教授。安徽绩溪人。笔名胡附，男，1918 年 7 月生。1945 年毕业于暨南大学中文系。1959 年加入中国共产党。新中国成立后，历任复旦大学副教授、教授、中文系主任，中国语言学会第二届常务理事，上海市语文学会第五届副会长。中国民主同盟盟员。专于汉语语法，特别是对词类划分和句法分析有研究。著有《数词和量词》，合著有《现代汉语语法探索》，主编高等学校教材《现代汉语》、华侨教材《今日汉语》，作品入选《二十世纪现代汉语语法"八大家"选集》。

② 吕叔湘（1904 年 12 月 24 日—1998 年 4 月 9 日），汉族，著名学者，出生于江苏省丹阳市，逝世于北京市。著名语言学家，代表作为《现代汉语词典》。

③ 曹周天. 吕叔湘的人教情缘［J］. 中国教育科学（中英文），2020，3（3）：129-138.

内部分子、原子也在运动。人在这里似乎没有动，其实人还要呼吸，体内血液也在流动，更何况地球还在运动，人也跟着动，“坐地日行八万里，巡天遥看一千河”，运动速度也非常快。同样是动的，运动速度有比较快和比较慢的不同，比较慢的我们叫稳态，属于动态里的一种状态。人有时候不得已要研究事物不怎么运动状态的情况。例如，外科医生先要学解剖尸体，那是为了更好地给活人动手术。因此，这类的“静态”研究是动态研究的“初步”。还有，给正在赛跑的运动员拍照，总要照得跑的状态。

2. 人是高级动物

物种分成非生物和生物两种。其实很多非生物的运动速度也很快。生物里分成动物和非动物，动物当然是可以自己运动的。有的古人说植物是有生命的，动物是有情义的，人是会思考的。其实，非生物也有广义的生命——记忆，我们检测一块石头，可以知道它存在多少年了。植物也会思考。共同的是认为人是最高级的动物。

交际是一种活动，语言是在活动的。语言不存于真空之中，语言在交际之中，交际之外无语言。

3. 语言又是发展变化的

语言本身又是发展变化的。所以，动态是语言的本质。这是总的认识。语言总体是动态的，其中也有稳态的部分。语言运动的出现，运动的目的，运动的发展变化，它的原因、动力都是人的交际。

（二）关于语言的自我调节

1. 语言自我调节的概念

语言局部的发展变化会引起语言内部有关部分的发展变化，使有关部分协调，这就是语言的自我调节。这是语言运动的一种表现，也是语言发展变化的重要内部表现。

2. 语言自我调节的类型

（1）发展变化基本上只局限于很小的范围之内，所谓“牵一发而动”。

（2）发展变化引起另外一部分的发展变化，如“牵一发而动若干发”。

（3）发展变化引起另外很大部分的发展变化，如“牵一发而动半身”。这一类往往是格式的变化。比如，一些原来不带宾语的谓词带宾语倾向的发展、动宾式动词带宾语倾向的发展。还有网络语言的出现、手机短信的出现，更引起了涉及语体等方面的许多发展变化。

（4）发展变化引起几乎是全局性的发展变化，如“牵一发几乎动全身”。因此，不能笼统地认为语言现象的变化都是或者都不是“牵一发而动全身”的，要么都不许动，要么就随便动。

以上主要是从引起的调节程度来很粗略地分类。引起语言调节变化大的，都会引起激烈的讨论甚至论战。联系到这几种类型引起社会关注的程度等，语言自我调节是需要专门进一步研究的课题。

（三）语言运动的方式是脉动

1. 概念

语言运动的方式跟许多事物的运动方式一样有起有伏，犹如脉搏跳动。大体分为吸收—膨胀、排斥—收缩、中和三种。也如人的呼吸过程：吸、呼、不吸不呼。

2. 主要表现

（1）语言现象不是始终由无序向有序发展

有时候有些方面会由有序向无序发展。总体而言，语言是有序里有无序，无序里有有序，这是混沌的序，这就是语言的序。

（2）语言的运动有急流和缓流

语言不是始终渐变的，有时候变化比较大。认识这一点不是没有意义的。对待语言的变化，总体而言，一般情况下小步微调，有时候步子要大一些。语言的外层比较活跃，运动速度比较快，这是语言运动的正常表现，不能笼统地认为语言里越稳定的越规范。

（3）语言工作还有进与退

认识这个规律，有助于能动地促进语言工作。总体在前进的时候，局部也会有倒退。语言工作等的进与退，从退的方面来说，比较具体的主要原因有以下两个：

①外部方面原因

第一是大气候。语言工作等基本上属于精神文明建设范围，大气候在精神文明建设方面出了比较大的偏差，或者是左的干扰，或者是右的干扰，都会造成语言工作等的某种程度的倒退。

第二是一些外行的干扰。到了20世纪80年代中后期还有这个问题。原因有好几种，总体来说就是，不按科学规律办事，不尊重科学，不尊重知识，不尊重知识分子，过于相信行政的力量或者个人的力量；有的本来是外行，但是尊重内行，自己也努力学习，工作还是很有成绩的；有的不能说不是学者，但如果不注意调查研究，不注意进一步学习，而且在语言学的某些方面不见得精通，也可能会干扰工作。

②内部方面原因

第一是认识上和做法上把语言工作程度不同地等同于政治工作。语言工作不是单打一的，是同许多方面联系在一起的。可是，它又有自己的特殊性。在一个大的运动中，语言工作还要做好自己的事情，也才能对大的运动有贡献。这方面的工作做扎实了，有时候大气候不好，而语言工作还有一定的发展。第二是缺少辩证法，冒进，说过头话，做过头事，纠正的时候又矫枉过正，容易造成多次摇摆。第三是有的当事人曾经提出过不怎么对的做法，后来不怎么提了，但在一定的时候又提出来。这跟一定的气候等外部条件有关。第四是历史太长，学习历史又不够，或者是忘掉历史的教训，把历史上已经解决的问题又提了出来，甚至比历史上的讨论水平还要低许多。第五是当社会需要步子大一些的时候，因为事先缺乏准备，没有满足社会的急需，引起社会的不满。

同时出现两个认识问题：第一个是没有充分认识到语言工作等跟语言生活等的变化是有时间差的，语言工作等要适度超前；第二个是缺乏时空意识，渐变的认识基本上成了唯一的认识。

此外，“人际失和”也是对语言工作有很大破坏力的，所以语言工作者队伍的精神文明建设是很重要的。还有，许多工作要配套，如语言文字工作条例出台，有关的标准和研究要提前完成，不然又要失去机遇。有时候情况是复杂的，多种原因往往交错在一起。

解决的主要办法是在研究与工作方面要进一步实事求是，一个意思是学说的最主要的来源是实践，另一个意思是多做实在的事情和多说实在的话。

（四）语言运动的惯性

1. 概念

语言的运动有个惯性。语言现象的变化，启动起来比较慢，动起来以后，要它停止或者改变路线，也比较慢。这是语言发展变化很重要的内部规律。语言是个历史形成的巨系统。语言还有很强的社会性，语言的使用牵涉方方面面。因此，语言的惯性总的说比较大。语言工作要适度超前，不能追求立竿见影，要重视后效应。

2. 提出的意义

（1）反思过去的认识

人们长期以来对这一点认识很不清楚，100多年来还有许多把语言工作混同于政治活动的情况。因此，提出这一点，具有历史的意义。理论建设和队伍建设特别需要适度超前，而以前这方面尤其不够重视，造成了人们在这方面显得特别薄弱。因此，需要加紧做好这方面的建设工作。

（2）进一步的说明

①涉及系统的语言成分惯性大。要动它，要谨慎，动它的意义也大，往往引起激烈的斗争。

②书面语的格式惯性大。受书面语格式影响的口头表达惯性也大。

③语言里稳定的部分惯性大。

④惯性大，根本原因是使用者这方面的惯性大。一个是使用者多，一个是使用者习惯了，一动起来涉及使用者的语言习惯。

⑤惯性大，指不容易启动，一旦动起来也不容易停，越是大的东西越是如此，正确的和不正确的都是如此。正确的、合乎语言的大系统的，比较容易贯彻。不正确的、不怎么合乎语言的大系统的，不容易贯彻，但是会一定程度地造成混乱，纠正起来也麻烦。

⑥运动包括进步和退潮。不正确的一些庞然大物，一旦开始退潮，不是自愿地留下空白，而是被新的建设所取代，所以，要重在建设。实际上是语言使用者经过比较选择了更好地为他们服务的方面。所以，要尊重使用者，要服务，要以自己的使用来示范，要耐心，这一定要有个过程，因为仍有一些人使用原来的一套习惯。

⑦语言现象的运动并不是等速的，造成了语言现象的不整齐。研究语言需要考虑历时。历时的表现很复杂，但需要特别考虑这样一个因素，即各种原因造成语言里不同成分的惯性不同。

第二节　中介与潜显理论

一、中介理论

语言在运动中普遍存在既联系又区别的复杂现象，又叫过渡现象。正确认识这些现象，并在此基础上对语言有关问题进行研究的理论叫语言中介理论。

（一）中介理论的主要根据

1. 运动的连续性

运动的连续性决定了任何事物都具有周边事物和前后事物的一些属性。从空间上来讲，万事万物都是联系的，人没有办法切出一个只属于它而跟周边没有联系的事物。比如一个点，即使被切得很小，若切得更小时，仍会把周边的联系部分切进去。从时间上来说也是这样，一个事物运动的位置跟它的前后的位置都是联系的，人没有办法切出一个只属于它而跟前后没有联系的位置。比如一个时点，即使被切得很小，若被切得更小，仍会把前后的联系部分切进去。从空间和时间的结合来说，更是如此。

2. 事物是矛盾的统一体

事物不都是“非此即彼”，常常是“亦此亦彼”，只不过是含有此或彼的成分多或少而已。一个矛盾的统一体的内部，矛盾双方都含有对方的一些属性，任何一方的内部又含有矛盾双方。一个矛盾统一体，在更大的范围里，它是一个事物的整体。

3. 对立通过中介转化

对立的双方都具有一些对方的属性才可能转化。这种转化也是一种属性潜一些，而另外一种属性显一些。对立的两面是有的，那是彼和此的情况很分明。钱币有两面，因此常常是猜对一面的一方挑选足球赛自己的半场等。是非也是有的。既要看到彼和此的区别，又要看到彼和此的联系以及“亦此亦彼”的状态。

（二）中介理论的若干意义

1. 提出度的概念

关于“恢复疲劳”有的说是不规范的，因为“恢复”一般用来表示由不正常状态到正常状态，而“恢复疲劳”是指由不疲劳到疲劳。有的说是规范的，因为听得懂这句话的意思；有的说不规范，因为有人会以为是指由不疲劳到疲劳。这里有几个问题：

第一个是“听得懂”的问题。人在很多情况下是听得懂说错了的话的，因为人的脑子里有一定的纠偏功能，可以根据一定的条件纠偏。

第二个是有人会误解。这里要注意语言交际有个合作原则，如果缺乏合作原则，对方说什么话，自己都会认为是不对的。还有，要看是什么样的人听，总得是有一定的语言交际能力的人。

第三个是人在实际语言交际中明明听得懂甚至本身也会说的话，学了语言学，反而变得听不懂也不说了。因此，语言调查即使找语言学家，也要放在语言使用的实际里调查。

第四个是“恢复疲劳”。这一说法几乎人人都懂它的意思，又的确带来一些麻烦，那么有没有更好一些的说法呢？“消除疲劳”的说法好一些。有学者进一步提出“规范度”和“交际度”。语言里不是不规范但是规范度又不够高的情况是很多的。从而，一些学者还改变了“生造词”的说法，认为防止生造词和不断消灭生造词一直是语言规范化工作的重要内容。

生造词的说法在20世纪50年代也许有它存在的可能和必要。但在今天，社会和语言都有了很大的发展，语言规范观也发生了转变，生造词的说法就显得含混模糊、不够科学了。如果人们仍围绕着生造词做文章，恐怕很难有所突破。“品位”和“规范度”的说法比较有意义。另外，语言有个新颖度和陌生化程度的问题。提出语言交际能力是把握好“度”的不断磨合的能力。还有人认为“滥用方言”等也有度的轻重，“语言创新”也有程度不同，这些“度”也可以说是层次，这里又涉及语言层次理论了。

2. 促进中介语的研究

母语是人生下来学的自然语言，包括方言和方言从属的语言，方言是小母语，方言从属的母语是大母语。目的语是一个人所学的第二种话。学习当中从母语到目的语之间过渡状态的话叫中介语，又叫“过渡语”。中介语对于母语和目的语来说，亦此亦彼，处于中介状态、过渡状态。它具有一定的系统性。

汉语是母语的人学英语，学习不是一次性完成的，学习中间的状态的话是中介语，亦此亦彼。学习英语受所掌握汉语的正面和负面的影响。学习英语到一定的阶段许多人会出现僵化现象。不同母语的人学习不同的目的语出现的中介语的情况不同。

3. 调整关于语言学习的认识

（1）认识到语言学习不是一次性完成的，语言学习需要一个过程，这一个过程，是语言使用不够到位、不够规范也是不纯的过程。

（2）认识到要区分语病和语言中介状态。语言中介状态是群体的正常状态，是进步过程中的状态。例如，孩子念小学，一定会有很多话用不好，不能一概认为是语病。我们把大量的语言中介状态从语病里解放出来。

4. 认识到语言里有大量的中介状态

从语体来讲，有口语和书面语，实际上大量的是口语和书面语的中介状态。例如，方言词语和普通话词语中，还有跨界的方言色彩词语，一般来说，长篇小说更是多个领域语言、多种语体表达的汇集。因此，应做出以下思考：

（1）中介语言的情况更加复杂，含有的信息更加丰富。

（2）什么叫语言系统？语言系统应该是实际使用的语言系统，而不是指起初使用的时空。人们的语言使用实际上突破了历时与共时的严格限制，也突破了空间的严格限制，对语言的研究既要突破历时与共时的严格限制，也要突破空间的严格限制，研究语言的差异之外要重视研究语言的交融。

（三）注重语言延伸段、交叉段的研究

运动是没有开始也没有结束的，一切都处在中介状态，所有的语言都是中介语。母语、目的语本身也处在中介状态。语言研究的就是语言运动中的个性和共性。当前，不少学者进行语言现象延伸段和交叉段的研究，是很有眼光的。延伸段，是指语言现象的运动到一定的阶段会发生比较大的变化，这个阶段里既有前一阶段的性质，又有了一些变化。语言运动的情况是不能无穷尽地类推的，时空也是造成运动变化的因素。交叉段是指不同的语言现象的运动在某些情况下发生交叉，在交叉段里有混用的情况，或许对交际度产生影响。

对这种情况进行研究，解决此类使用的问题最难，但最有价值。两头，不交叉的部分，情况清楚，一般人不会使用错。而学生既要有一定的语言和语言学理论，而且要有比较能穷尽地解决实际语言问题的本领。比较懂语言和语言学理论的人，同样应体现在解决语言实际问题方面有一定的理论和方法。主要方法是比较，是认识一事物同其他事物运动中的联系和区别。

二、潜显理论

（一）潜显理论的主要根据

1. 语言潜显理论基本概念

（1）语言是由显语言与潜语言构成的

显语言是已经出现而当前正在使用的，潜语言是在现实的语言生活里还没有出现的，或者已经出现过了当前不多使用了的。若把显语言看成语言的现在时，那么可将潜语言看成语言的未来时或过去时。潜语言是存在的，只不过通常看不见。犹如浮在水面上的冰山只是整个冰山的十分之一，更大的部分潜藏在水面下，是可以被发现的，只是一般人看不到。潜和显都有程度的不同。

（2）色彩也有潜显运动

语言的潜和显还包括色彩的潜显运动。任何新词、新语、新义都有新颖色彩，它们很快由开放的梯形结构靠下的部分到了靠上的部分。使用得多了，它们新颖色彩有的会磨损，它们的稳定色彩逐渐显现，它们逐渐到了靠下的部分，成了比较稳定的基本单位。

（3）语言始终处在潜和显的运动中

一般而言，现在出现和使用的语言是显语言，尚未出现或者出现过而现在不怎么使用的语言是潜语言，加上了色彩的潜和显，显语言也始终处在潜和显的运动之中。语言显了之后不会全潜，但是会相对地潜。语言的显是有来源的，语言由显到潜是相对的。

2. 语言潜显理论的基本根据

（1）运动是没有开始和结束的

一般所讲的开头和结尾实际上都是假设。时空也是没有头尾的，所说的头尾也是一种假设，科学研究中不可能离开假设，离开了包括假设的前提人们的语言交际都难以进行。事物不是同时空同样显现的，显和不显，一切物质都处在一个运动的中介环节，或者说在过渡状态，或者说在潜和显的状态。潜和显是运动的体现。语言也是如此。所以，一般不说语言的产生和消亡。

（2）语言不是同时空同样显现的

人说话时，不能将所有的话同时空说出来，别人也不能同时空听所有的话。比如，一个人说“我——说——话”，却不能把这些音义同时说出来，说“我——”的时候，“说——话——”是潜藏的。到说“说——”了，“我——”和“话——”是潜藏的，“我——”是过去态，“话——”是未来态，“说——”是现在态。这是事实，也是基本道理，这个层面是哲学层面。不仅语言如此，潜显理论还是宇宙的大规律。

交通有绿灯还有红灯，人日出而作日落而息，人的记忆有清晰和遗忘，有的人显这个特点有的人显那个特点，人有生有死，小到计算机里把不常用的符号隐藏起来而常用的显示在桌面上，无一不体现了潜和显。语言的潜和显也是为了交际。要不然怎么交际呢？要不然怎么交际得好呢？你一直“我——”下去怎么行？潜和显以及它们的程度和类型等组成了美妙的语言交响曲。

（二）语言潜显的条件

1. 语言内部条件

（1）构成语言新的色彩的可能性几乎是无穷尽的

构成新的语言都有色彩，已有的和新的语言原来的色彩许多都可能变化。语言里有现代色彩、科技色彩、典雅色彩、庄重色彩、正式色彩、随意色彩、诙谐色彩、调侃色彩、平实色彩、新颖色彩、稳定色彩、外来色彩、方言色彩、地方色彩、褒贬色彩等，这些色彩还有程度的不同，常常还有交融的，交融的某方参加的程度也不同。

（2）语言自我调节

新出现的语言现象不同程度地使原来的语言或大或小地失去平衡，引起语言内部或大或小的调节，这是始终的、广泛存在的。潜、显就是语言调节的方式。显是脉动的膨胀，是吸收；潜是脉动的收缩，是排斥。某些词语的某些义项或色彩的淡化，让位于另外一些，更是常见的潜和显。语言的各种调节，都可以归结为语言的潜和显，而它的总趋向是满足社会不同方面的人和不同方面的和谐与矛盾共处共生的交际、思维、认知的需要。

2. 语言外部条件

外部条件无非是社会和人的因素，以及二者的结合。

语言具有精神——表现在吸取、排斥等的调节功能，又反映人的精神活动。语言是人的精神的重要的显现物。人把自己铸造进了语言之中，语言成了人的一面镜子。每个使用语言的人都在推动或者阻碍语言的发展。如果说社会的语言是一个活动的大系统，暂且叫它为客体语言，每个人使用的语言是主体语言，那么每个人除了把自己民族、时代等的积淀加到主体语言里之外，还把自己的文化、教养、好恶等加了进去。

第三节　层次与人文性理论

一、层次理论

（一）人类语言是开放的梯形结构

层次理论是指语言是分层次的。层次是语言运动的时空和方式。这个层次跟事物分层次、人的认知过程分层次、人的很多方面分层次是密切相关的。这个结构的底层比较稳定，越往上越活跃。

新颖色彩经过一定的磨损，稳定色彩逐渐显现，逐渐趋于底层。又有新的色彩的语言往上。语言出现了喷泉现象。底层的能产性大，上部的比较能反映全息。底层跟动物语言交叉。上部跟高于语言的表达手段如音乐等交叉，体态语分层次地上下连贯。

（二）人的层次和语言层次的关系

（1）不同层次的语言对不同的人有不同的要求。例如，小学生一开始学词、短语，复句在后面学。

（2）不同层次的人使用语言的情况不同。语言分比较稳定的内核和比较活跃的外层以及中介物。内核如基本词汇、基本语法、语音系统等，外层如新词新语、广告语言等。内核部分比较好做标准，外层部分往往适宜提出指导性意见。内核部分，语言水平比较低的人要尽快掌握。语言水平高的人使用了外层里的许多手段。

（三）跟语言学方法层次性的关系

这是关于语言研究方法和方法论的层次认识的基础。语言研究方法具有层次性。语言研究的基本方法是比较方法，其他的方法都是由比较方法衍生出来的。语言研究要纵横交错，突破历时和共时的严格限制。

其实，古代的重叠式四字格式几乎都是 AABB 式，不管哪种词性。由此而言，原来的说法并不确切，研究这类重叠要从历史、方言比较、跨各类词性看，重叠方式跟双音节词的构词方式有关。基本上是：联合式的 AABB 式，非联合式的 ABAB 式。原来说的“例内”的规律是不可靠的。因此，要重视一些语言里所谓“例外”的研究。

这些所谓的“例外”，往往是连接上层或者下层的通道。还有，不要迷信语言研究的所谓“自圆其说”。宇宙就不是圆的，不是封闭的，语言也不是圆的，不是封闭的，为什么语言研究要“自圆其说”？应该是什么样的就说是什么样的。对于研究的过程中，碰到一些解释不了的语言现象和说不清的道理，应该如实地说出来，以便自己或者别人进一步研究，切忌为了要“自圆其说”而加以掩饰。

二、人文性理论

这里说的语言人文性或者有时候说的文化语言学里的文化，大体上是指风俗。我们不要忽略语言的人文性，也不要跟语言的阶级性的说法沾边。人是有文化属性的，人的语言交际里是有人文性的，人的语言交际是含有人文性的语言交际。

（一）语言人文性的主要体现

1. 在语言观方面

例如，提出“语言内核外层互补说”，重视语言的中介部分；提出“动态、层次、中介、潜显”理论，提出“全息论”和“发展论”结合；认为语言学思想要善于包容，不定于一；提出“大语言”的思想，认为使用的语言成分都属于一个民族语言的大系统；提出语言就是人，语言研究的对象是语言和人；认为语言研究者要大聪明，要善于领会大自然；认为一般的情况下语言工作、教学和研究要注重建设，注重新的好的语言现象，重视语言创新，注重新的好的语言学思想；认为语言运动是脉动。①

2. 在语言研究方法方面

主张进行纵横交错的研究，突破历时与共时的严格限制，突破空间的严格限制，既注意语言不同时间空间的差异，更注意语言不同时间空间的联系；认为语言研究的是语言现象跟出现语言现象的条件的关系，而这样的类似函数的关系就是语言运动的规律，规律是一定的，语言研究主要是研究这样的规律，从多样复杂的现象里认识的规律才比较可靠。因此，不存在语言的习性原则，不存在语言的“例外”。

如果拿内部的整齐或者系统的关联作为序来说，从梯形下部往上情况越来越不整齐，也就是更无序；而系统间的联系更紧密，反映语言的全貌和本质更充分，也就是更有序。总体来看，语言的序是混沌的序，语言研究的方法要注重混沌的方法。

对语言现象的认识不能无穷尽类推，大的范围里的语言研究需要宏观和微观结合；调查不搞竭泽而渔，发挥参考性而缩小局限性；研究者本人的层次与语言规律的层次共振，才好认识和研究相关的规律；研究者的语感和论感都要好，尤其是语言表达要好；不搞形式主义的所谓语言美，语言美是形式和内容的结合，研究者特别要向人民群众学习语言，语言研究的目的是为群众服务，语言研究好不好也应用是不是为群众服务好了来检验，要充分尊重群众的话语权，语言工作里的“因势利导”的“势”主要指群众的理解、支持和参与。

3. 在语言使用方面

重视“语结”与“整体设计语言”在表达中的作用；语言表达以自然为大法，呼唤语言表达的个性实际上是呼唤语言表达的真诚，大道自然，文如其人，语言表达者要真诚、自然；语言表达的样式应该交融、发展，各种样式不一定是“不是我吃掉你就是你吃掉我”的关系，可以是共存共荣、取长补短的互补关系。

4. 在语言能力以及培养方面

语言交际能力要在实际的语言交际里培养，而且不是一次性能完成的，语言交际能力要重视趋同和趋异很好地结合；语言表达的个性总有基本的要求，很基本的要求是与人为善、厚道、自然。语言与语言学理论是一种修养，也要体现在语言能力方面。语言的人文

① 陈国兴，李冰. 语言人文性影响下英汉语言共性二语习得研究——以尾焦点为例 [J]. 湖南科技学院学报，2015，36 (12)：165-170.

性跟语言的工具性、符号性是结合的，这是事实，脱离语言的工具性、符号性奢谈语言的人文性不是实事求是。语言的人文性跟语言的民族性有密切的关系，但是人文性与民族性也应该是动态发展的、开放的、善于进取的。

语言的人文性，也是由语言的交际性决定的，也是为了交际得更到位。语言的人文性是大人文性，不局限于称谓等一些方面，更不能拿小人文性反对大人文性，因此语言宏观的研究很重要。语言的人文性又不是无根之木，是随着许多因素发展的，是为群众服务的，不是吓人的图腾和打人的大棒。

（二）研究人文性理论的方法

语言人文性研究的核心任务是通过语言去研究处于复杂的社会、历史关系中的人，也通过后者去研究前者。现代语言学之所以能超越传统语言学，不断取得新的进展，其至关重要的一点就是人们对语言研究中的方法论与方法的重视与不断更新。从这个角度看，无论索绪尔的“哥白尼式的革命”，还是后来的“乔姆斯基革命”，“革命”的武器都离不开与认识论紧密相关的新的方法论与方法。因此，要想在语言人文性的研究中取得大的突破，即真正深入系统地揭示语言中所反映人的文化现象、规律，以及文化中所反映的语言现象、规律，方法论与方法的重视与变革值得高度关注。

就目前而言，在语言人文性的研究中，主要应该坚持以下三个方面的方法论思想：

1. 辩证法思想

坚持辩证法思想，就是要避免在语言研究中把一些要素割裂开后，重此轻彼、顾此失彼。比如，重视共时而忽视历时，重视静态而忽视动态，重视语言内部而忽视语言外部等。辩证法的思想就是要我们在语言人文性的研究中把上述一切相关的要素有机地统一起来，在统一中寻求差异，在差异中寻求联系，在联系中寻求协调。面对一个不寻常的语言现象，我们既要在语言系统内部，像语音、音位、词法、句法、语义等层面寻求解释，也要联系语言系统以外的，如历史、地理、社会、文化等方面的原因去解释。

2. 系统论思想

没有系统论的思想，辩证法的思想很容易导入庸俗辩证法甚至“中庸论”的歧途。在语言人文性的研究中，坚持辩证法并不等于放弃系统论的思想：既要认识到尽管语言系统内部、社会文化系统内部以及两者之间都是辩证统一的，也要认识到每个系统内又绝非混乱无秩序的，而是具有不同的层级体系的。

这些层级体系尽管因为人的思想、活动而交织在一起，但作为研究者来说，从不同的立足点出发，往往就能把握特定的研究对象。这样，在研究语言人文性的时候，同样要研究语言系统以内的各个子系统，包括语音、音位、词法、句法、语义等，也要研究文化的系统，包括政治的、历史的、民族的、地理的等，以此探求系统、子系统之间的相互作用关系及其演化规律。

3. 发展的思想

运用到语言的人文性研究中，突出表现在以下两个方面：

（1）语言的发展是绝对的，语言没有发展也就无所谓人文性，在重视共时、稳态研究的同时，也要重视历时、动态研究。

（2）发展包括质与量的变化，而这种变化除了在语言系统、文化系统表现出不均衡性外，还应注意到，变化往往是基于比较稳定的要素实现的，不管是语言系统还是文化系统以及二者之间的关系，总是存在大量相对恒定的方面。研究这些恒定的方面更有助于研究变化的方面。按照进化论的思想，则语言的人文性总是处于比较恒定与变化、量变与质变等复杂的发展趋势中的。

所以，在研究语言人文性时，应当尝试采用多方面的方法。有人提出，人类探索知识的方法可以归为三大类：科学的、人文科学的和社会科学的。科学旨在发现世界，使观察到的客观事实标准化，所以要尽量减少观察中由人造成的差异，使用的方法主要是观察、记录和重复实验。人文科学则重在解释，寻求创造性的个性化，所以寻求的不是科学上的一致看法，而是可替代的解释，强调的是主观的反映，所以人文科学的方法总是以直觉、创造性、阐释和顿悟为主。与前两者相比，社会科学主要把人作为研究的对象，既要理解人的行为，又要解释人的行为，所以也要求有准确的观察，采用的方法则有归纳、演绎等多种。这种划分方法在现实中未必有多少指导意义，但说明科学的不同研究方向往往要求有相应的研究方法。

在语言人文性的研究中，特别是在文化语言学的研究中，一些学者主张要用解释而不是描写的方法。其实，语言人文性的研究，既不能单纯用描写，也不能单纯用解释，而要二者并重。这是因为，强调从文化的角度去研究语言，那当然要用解释的方法；而从语言的角度去观察文化，那当然要用描写的方法。但语言的人文性是语言与文化等共同作用的结果，要想对语言的人文性做较全面的研究，主要还应站在人的角度，从语言与文化的关系上而不是单从文化或语言角度去进行研究。所以，要解释与描写并重，具体包括观察法、考察法、比较法、归纳法、描写法、解释法、演绎法。除了这些方法之外，研究语言的人文性同样可以引介数学方法、逻辑方法，以及控制论、信息论的许多方法。

需要进一步说明的是：

第一，一门学科或科学不可能只用一种或几种方法。

第二，任何一种方法都不是万能的，也不可能贯穿任何科学研究的所有环节。

第三，方法除了自成体系外，也有层级，上面所列举的方法往往不在一个层级上，因此不能简单划分界限，如描写与解释、归纳与演绎等。

科学研究是一个复杂而漫长的过程，可以分出不同的步骤。例如，确定研究视角，明确思维上的认识过程，描写思维过程，构筑理论体系以及对研究成果进行评价、鉴定等。不同的步骤往往有不同的方法。

第八章 英语语言学发展的新视野

语言作为人们沟通与交流的一种主要工具，在使用过程中会随着社会和时代的改变而改变，相应地，研究语言学的学科——语言学自然也不例外。对语言以及语言学的发展进行研究可以更好地认识语言与语言学，本章就来探讨这方面的相关内容。

第一节 语言的产生与发展

一、英语语言的产生与发展变化情况

英语语言的发展经历了一个漫长的时期，大致包括以下三个阶段：古英语时期（公元450—1066年），中古英语时期（1066—1450年），现代英语时期：前期（1450—1700年）与后期（1700年至今）。

（一）古英语时期

英语起源于5世纪，一直到7世纪才有文字记载。古英语主要存在于公元450年至1100年间。占领不列颠岛的日耳曼部落之间自行成立了自己的国家，有自己的一片土地，而“七国时代”是存在时间最长的时期。由于不同的种族交流的语言不同，所以主要有四种方言存在于不列颠岛上，但是由于它们都是通过低地德语演变而来的，所以有很多相似的地方。

公元597年，盎格鲁-撒克逊人重新接触古罗马文明的遗产。英国在其历史开始之时就划分为几个独立的王国。在公元600—700年间，诺森比亚（Northumbria）可以说是最发达的王国。到了公元700年，诺森比亚已出现欧洲最发达的文明，被一些历史学家称为

"诺森比亚文艺复兴"，这在欧洲历史上是最早的一次文艺复兴。在该时期，古英语中最优秀的文学作品得以产生，著名的史诗《贝奥武夫》也包括在内。

诺森比亚在8世纪时开始逐渐衰落，文明的中心也随之转移。麦西亚（Mercia）王国成为文明的中心。又过了一个世纪后，文明的中心转移到维塞克斯（Wessex）地区，这是西部撒克逊人的一个王国。这一时期，西部撒克逊人最著名的一个国王是阿尔弗雷德大帝（Alfred the Great）。他不仅仅是军事家与统帅，还是积极的知识倡导者与传播者。他组织并参与了很多书籍的翻译活动。在此期间，诺森比亚文学被记载下来。

阿尔弗雷德大帝在军事领域的贡献是成功地遏制了北欧海盗的入侵。在9世纪与10世纪，斯堪的纳维亚人开始对英伦本土入侵。公元886年，斯堪的纳维亚的一支军队在英格兰的东部海岸登陆。他们的进攻几乎没有遇到任何抵抗，除了阿尔弗雷德大帝领导下的威塞克斯王国，双方在多年征战之后达成一项和平条约。该条约将英格兰由西北到东南画了一条线，斯堪的纳维亚人管辖界线以东的地区，威塞克斯则统治界线以西的地区，这使得大量斯堪的纳维亚语成分进入英语。英语中借自斯堪的纳维亚语的词有很多，如"take""scant""egg""village""leg""sky""they""them""their"等，这些词经过长时间的发展逐渐变为标准英语的一部分。

（二）中古英语时期

1000—1200年，英语的结构有了很大的变化，这些变化的产生与诺曼底人对英国的征服有关。诺曼底人最初来自斯堪的纳维亚，10世纪初，他们定居于法国北部，使用的语言是法语，随后实力逐渐雄厚，成为称霸一方的王国，具有比较发达的文明水平。1066年，诺曼底人在征服者威廉公爵的率领下渡过英吉利海峡，开始主宰英格兰。自此之后的几百年中，英国都由说法语的国王统治。

诺曼底人征服英国后，法语并没有完全取代英语。当时，法语主要是宫廷、贵族以及上流社会所使用的语言，但是大众使用的依然是英语。虽然法语并未成为英国的国语，但是诺曼底征服之后英语发生了很大的变化。早在1066年之前，英语语言中的名词、形容词的格表现出明显的简化倾向，人们在表达意思的过程中主要依赖的是词序、介词。语音系统的改变对这一过程的发展具有促进作用，由于发生了一定的改变，很多单词词尾的发音听着都很相似。

此外，诺曼底人的征服对英语词汇产生了很大影响。在100多年以前，很多人都不再将法语作为其本族语，但是即使到现在，法语依然被视为一种高雅、文明的第二语言。在交谈过程中，如果谈话者偶尔加入几个法语用语，就表明这个人具有十分渊博的知识，行为举止也非常优雅。可以说，从法语中传入英语的词语有很多，下面列举其中几种：

（1）与娱乐有关的词。例如：music 音乐。

（2）与家务有关的词。例如：towel 毛巾。

（3）与学术有关的词。例如：stomach 胃。

（4）与颜色有关的词。例如：scarlet 大红。

（5）与政府有关的词。例如：tax 税收。

（6）与食物有关的词。例如：cream 奶油。

上述这些法语词在 1100—1500 年间传入英语。很多人掌握的法语词甚至多于英语词，但是这并不意味着法语取代了英语。英语依然是英语，只是在语音与语法结构方面受到了一定的冲击。英语依然是词汇的核心，英语中如代词、介词、助动词、连词等使用频率较高的词也没有被外来词取代。当时的中古英语依然属于日耳曼族的语言，但是在语言系统与语法方面发生了很多的改变，与古英语有所不同。在这一时期，英语主要依靠词序与结构词来进行表达，较少使用格的系统与屈折形式。

（三）现代英语时期

现代英语时期又可以分为以下两个阶段：

1. 现代英语前期

1400—1600 年，英语在语音上发生了重大的改变，具体有以下两种变化：

（1）英语主要元音音变。重读音节中一些元音产生了一系列音变，即长元音的上移与不能再上移的两个最高元音变为二合元音（俗称“双元音”）。例如“he”“mom”在中古英语中分别读作/hei/和/mu：n/。这次音变对英语中所有带有这些元音的词都产生了直接影响。

（2）省略了非重读音节词尾的元音。例如，在乔叟时代，“wine”“name”“stone”等都是双音节词，但到莎士比亚时期就变为单音节词，其中的元音“e”变为不发音的元音。这些词的变化对英语中的很多词都产生了影响，同时给英语带来新的改观。

上述两次变化使中古英语与现代英语之间产生了很大差别。除此之外，印刷术对英语的发展具有一定的影响。印刷术是 1475 年引进英国的。在此之前，书籍十分昂贵且数量不多。印刷术的引进使书籍变得廉价，数量自然也增多了，这使得更多的人学会了读书、写字。虽然印刷术主要是对书面语而不是口语产生影响，但对语言的统一具有促进作用，有助于防止方言差异的扩大化。此外，印刷术对拼写的规范化起到了促进作用。

16—17 世纪，现代英语前期正值英国的文艺复兴时期。在这一时期，人们既对过去具有极大的兴趣，又对未来进行了积极探索，因此出现了百家争鸣的局面。新的语言随着新思想的出现而产生。诺曼底征服使英国人习惯了从法语中借用词汇，而现在他们开始引入希腊语和拉丁语。同时，大量的古典词汇不断涌入英语中，如“exist”“bonus”“anatomy”“benefit”“scene”“climax”等。

2. 现代英语后期

1770 年后，英语所在民族的语言发展史上出现了各种事件，18 世纪初试图对英语进行调整与控制的尝试就是其中一个重要事件。18 世纪时，人们对影响语言的因素了解得并不透彻，陆续有人提议对英语进行完善、删节以及限制。人们讨论要成立一个专门的研究院，规定如何运用英语。虽然最后研究院并没有成立，却使人们改变了对英语的态度。在尝试对英语进行规范的基础上，人们编制并出版了词典。世界上第一本英语词典在 1603 年出版，共有 2500 个单词。后来，很多词典相继问世，并且不断有所改进。

1755 年，塞缪尔·约翰逊（D. S. Johnson）的《英语词典》出版，这本词典一直修订和再版，在英国流行了约 100 年。美国诺亚·韦伯斯特（Noah Webster）的《韦伯斯特英语大词典》于 1828 年出版。19 世纪，《牛津英语大词典》出版，这本词典共有 12 卷。

18 世纪，一个比较重要的事件是产生了英语语法，此时英语作为一门学科已经取代了拉丁语的地位，人们认为英语也可以进行控制与分解，就如同拉丁语一样，可以分析和论证英语的语法层面。因此，拉丁语法便被引入英语，附着在英语上。由于英语与拉丁语是两种截然不同的语言，因此这样做是不正确的。英语有自身的符号、形式以及表达方式。英语语法倾向于保持英语的结构，并且使其保持相对稳定，这是英语语法的主要缺点。

英语民族的不断扩展可能是现代英语发展的最重要因素。在 1500 年，英语只是一个小岛上几个民族使用的语言，现在则是世界上最重要的语言。现代英语有多种类型，如英式英语、美式英语、澳大利亚英语、印度英语等，它们之间存在很大的差异。当今世界，人与人之间的交流越来越快捷、方便，只有不断扩张，英语才能避免被分解为一批互不理解的语言。

二、影响语言产生与发展变化的因素

语言是一种复杂的社会现象，涉及人类生活的方方面面。语言的发展变化受诸多因素的制约，大致可以归纳为社会、心理、网络以及语言自身四个方面。

（一）社会因素

语言是人类最重要的交际工具。人类可以通过语言对自然界的认识与社会经验进行交流与讨论。语言的交际功能要想得到很好的发挥，就应敏锐地反映人类对自然界的各种认识与各种社会经验，跟随社会发展的步伐。语言具有交际的属性，决定了社会的发展变化必然会对语言的发展变化产生促进作用。

1. 经济因素

随着世界各国经济的迅速发展以及经济全球化的到来，英语语言中出现了大量经济方面的词汇。

2. 科技因素

随着科学技术的飞速发展，各种新技术不断涌现，许多词语应运而生。比如，英语中的“telephone”“cablegram”“radiator”“microwave oven”等词语都是随着科技发展而产生的。下面从科技领域的四个方面分析科技因素对英语词语发展的影响。

（1）人类对宇宙的探索以及宇航事业的发展给英语带来了很多词语。例如：black hole 黑洞。

（2）医学的飞速发展给英语带来了不少词语。例如：genetic code 遗传密码。

（3）科学技术的发展催生了一些英语词语。例如：air-bus 空中巴士。

（4）电子技术的突飞猛进给英语带来了许多词语。例如：mechatronics 机械电子学。

（二）心理因素

在人类社会的发展过程中，语言不仅是一种非常重要的交际工具，而且是建构人类思维的重要工具。在交际与思维时，人们会受自身心理因素的影响和制约，这些影响在一定程度上带来了语言的变化。思维作为心理因素的重要组成部分，对语言多层次的改变也产生了很大的影响。古代人的思维表现出具象特点，抽象思维的发展极其缓慢，在这种情况下，他们的语言具有明显的具象特征，从一些古代语言的遗迹中可以找寻出先民的这一心理特征。例如，在新西兰不能说“地震”一词，这是因为人们认为如果提及这一词语就会真的发生地震。再如，在因纽特语中，人们可以用多个名词来表示下到不同地点或下不同形态的雪，但是没有“雪”这一概括性的词。

（三）网络因素

随着互联网的飞速发展，许多有关网络的词语也不断涌现。例如：home page 主页。

（四）语言自身因素

语言除了受社会、心理与网络因素的影响，还会受语言自身多种因素的影响。社会因素与心理因素可以说是语言发展的外部因素，那么语言在发展过程中能否满足这些外部因素的需求呢？又如何在这些外部因素的促进下促使自身的变化呢？这都依赖语言内部因素。对于语言自身因素而言，语言与言语之间的矛盾、斗争就是语言变化的一个十分重要的内部因素。

言语是对语言的运用。言语只有与交际对象、交际语境、交际所要传递的信息与情感等产生联系，才能充分地发挥其交际功能。由于这种联系具有开放性、灵活性，因此，必然会与语言这一有限的抽象符号系统产生矛盾。言语与语言之间的矛盾最后会引发各种“出格”现象。在交际过程中，人们会根据需要而创造出一些新词或新的表达方式，这就是“出格”的表现。有些“出格”现象只是临时现象，很快就消失了，有些则会流行起来，成为语言系统的一部分，使语言发生变化。因此可以说，言语“出格”现象对语言的发展变化产生了重要的影响。

除此之外，语言发展变化的自身因素还包括语言各子系统之间的相互影响、语言之间的相互接触、口语与书面语的相互影响。从根本上来说，这些自身因素都是由于语言的形式与意义之间的矛盾产生的。语言形式相对稳定，是有限的，但是社会因素与心理因素要求语言表达的意义是灵活多变的，是无限的，并且因时间、地点、人物、事件的不同而不同。这些有限且稳定的语言形式在一定程度上影响语言的意义，也会使人类的思维模式、心理取向、发现以及创造的新事物的决定，对形式产生或大或小、或直接或间接的冲击。

第二节　语言的分化与统一

语言的分化和统一是语言发展过程中的两种状态，它与社会的分化和统一有直接的关系，一般情况下，社会的分化必然会导致语言的分化，社会的统一必然会促进语言的统一。下面就对语言的分化和统一进行介绍。

一、语言的分化

语言的分化是指一个统一的语言由于社会的分化而分化为不同的变体，如地域方言、社会方言与个人方言。

（一）地域方言

很多因素都会给方言带来影响，其中地域方言是一种重要的语言变体，由居住在同一地域的人使用。地域方言的界限常常与山脉、河流或沼泽等地理障碍重合，这种差异可以用缺乏交流来解释，即由于地理障碍而被隔绝的地区之间的交流非常有限。需要注意的是，在多数情况下，两个相邻地区之间的地域方言在很大程度上是可以彼此理解的，因为一种方言过渡到另一种方言的变化通常是一个缓慢的过程。此外，对本族语的忠诚以及心理和生理上对变化的抗拒是地域方言形成的原因。

以汉语为例，中国的地域十分辽阔，汉民族生活在不同的区域中，虽然说的都是汉语，但不同地区的汉语在词汇、句法以及发音等方面都表现出明显的差异，相关学者因此就将汉民族的语言分成了北方方言、吴方言、闽方言、客家方言、湘方言、赣方言、粤方言等类别的方言。

与中国汉民族的方言类似，英语国家中也存在因地域不同而形成的方言。从全球来看，英语大致可以分为英国英语、美国英语、新西兰英语、加拿大英语、澳大利亚英语等不同的地域方言；对于英国本土而言，英国南方和北方的方言也有较大差异。具体来说，南北地域方言最重要的分界线从牛津（Oxford）和伯明翰（Birmingham）之间穿过，抵达中西部的西米德兰兹（West Midlands）的南端。

（二）社会方言

社会方言是语言在社会发展中的一种变体形式，是语言变体中比较重要的变体。社会方言指语言集团内某一个阶层或某一个群体所使用的语言形式。换言之，在某一个地域中，一定的社会成员由于职业、年龄、教育、阶层、性别等方面的差异而形成了语言层面上的变体，这就是社会方言。

作为社会成员的共同交际工具，语言本身并没有阶级性。但是，不同的社会阶层通常有不同的语言习惯与模式，由此导致了不同的社会集团或者阶层在利用语言交际的过程中形成了属于自己的语言变体，即使语言带有明显的社会阶级特性。例如，老年知识分子所使用的语言与青年嬉皮士所使用的语言显然是不同的，律师、医生所使用的语言与营业员、士兵等所使用的语言也是不同的。可见，个人的社会背景在一定程度上影响着他对语言形式的选择，他所使用语言的特征也反映了他的身份。

对于世界上的任何一种语言而言，其使用人群都会随着年龄的增长而呈现明显的差异，英语也不例外。这种现象既有生理因素的影响，也有社会因素的影响。通常而言，年轻人大多具有创新意识，使用更多的往往是社会上新出现的俚语、常见词汇；而老年人思想比较保守，他们更喜欢使用一些过时的词汇、句式来表达，由此呈现的社会现象是年轻人使用的语言比较时尚，老年人使用的语言比较过时、保守。

语言由于年龄不同所呈现的变异性在词汇、语法、语音等方面都有比较明显的表现。例如，《麦田里的守望者》的主人公是霍尔顿·考尔菲德，他说的语言就是20世纪50年代初期美国东北部年轻人所使用的通俗用语，他口中的俗语、修辞、句法结构等都体现出了年轻人时尚语言的特点。可见，语言的特征会随着使用者年龄的不同而不同，有时候还会形成一种社会变异现象。

（三）个人方言

所谓个人方言，指个体所使用的方言，其中包含地域、性别、社会、年龄等多方面因素导致的变体成分。简言之，个体所使用的具有自身鲜明特色的语言就是他自己的方言。详细来说，个人方言中还含有个人的音质、语速、音高、节奏等因素。对于语言系统而言，每位语言使用者所具有的潜能都是相同的，但在各种复杂的社会因素影响下，这些潜能表现出个人化的特点，进而形成了自己的方言。个人方言可以使人们即便不见到本人，也可以通过说话方式辨认说话者的具体身份。例如：

(电话铃声响)

R：喂?

C：喂——?（笑）

R：行啦！你这个家伙！

在上述电话对话中（C表示打电话的人，R表示接电话的人。通过上述话语可以看出，两个打电话的人是比较熟悉的朋友，这里可以设想如下情境：R说的“喂?”并不表达实际的意义，只是告诉对方“我在听电话”，但R的这个话语就可以让C判断出这就是他所要找的人，因此他反过来用一个拖长的“喂——?”来回答，并伴随笑声。这样的表达意思是：“我已经知道你是谁了，你能听出来我是谁吗?”R自然也非常熟悉对方，马上通过声音知道是自己的好朋友，因此就回复了一句：“行啦！你这个家伙！”

在日常的生活习惯中，人们可以非常容易地通过声音来区别不同的人。这就如同世界上并不存在完全相同的两片树叶一样，任何两个人说话的声音、方式也是不同的。归结起来，人的声音往往会受以下四种方式的影响：

（1）受地域环境因素的影响。例如，上海人、北京人说话的口音听起来明显不同，东北人、福建人说话的口音也明显不同，这都是由于地域因素影响下所造成的差异。

（2）受教育程度因素的影响。例如，高校毕业生、文盲两种人说话的方式显然是不一样的。

（3）受职业因素的影响。例如，高校教师、农民工两类人的说话方式显然是不同的。

（4）受性别、年龄等因素的影响。

据此可知，人们可以根据个体方言来了解其他方面的很多信息，如可以根据说话的口音判断该人是来自上海还是广东。

总之，个人方言的变化沿着两个轴展开：地域轴（regional axis）和社会轴（social axis）。

二、语言的统一

随着社会的逐渐发展与统一，语言也逐渐走向统一，语言统一的一个重要标志在于共同语的出现。例如，汉语在历史上出现了较长的社会分化局面，各个方言之间的分歧也比较大，但是由于汉语拥有统一的文字，一旦走向统一，其共同语很快成为人们的交际工具。

通常而言，语言的统一并不是自发的结果，而是政治、经济、文化等力量共同作用的结果。例如，伦敦英语之所以成为英语的标准方言，是因为工业革命之后，经济迅猛发展，伦敦迅速成为经济首都，并且能够对其他地区产生重要影响。佛罗伦萨方言之所以成为意大利的标准方言，是因为受到文化的影响，佛罗伦萨是欧洲文艺复兴的策源地，其依靠文化力量对意大利的方言进行统一。

第三节　语言的接触与融合

世界上不同民族之间在彼此接触的过程中形成了语言上的接触，而不同语言在接触过程中就自然而然地进行了融合。可以说，不同语言之间所产生的接触与融合是语言发展变化的重要渠道。

一、语言接触

语言接触中最常见的现象就是介词。例如，汉语中的“马达”（motor）、“黑客”

(hacker)、“保龄球”(bowling)等词语借自英语；汉语中的“塔”“菩萨”等词借自印度语；汉语中的“瓷器”“丝”“茶”等词语也被世界上很多语言借用。随着语言的进一步接触，出现了结构规则层面的借用现象。结构规则是语言接触在句法结构方面带来的变化。例如，从现代汉语中可以发现很多欧化的句子，这些句子都是汉语与印欧语言相接触带来的结果。

不同语言之间的接触还可能带来双语现象或多语现象。所谓双语现象或多语现象，指的是某一个群体社团中所使用的两种或多种语言，或者某一个群体中的一些人持有使用两种或多种语言的能力。例如，我国一些少数民族不仅会讲自己的民族语，还能讲汉语或汉语中的某一方言。

二、语言融合

(一) 语言同化

一种语言排挤或代替另一种语言，从而使被排挤或被代替的语言消亡，这一现象就是语言同化。语言同化是语言在深入接触的过程中出现的，是语言融合的一种体现。语言同化有两种形式：强迫同化与非强迫同化。

(1) 强迫同化指居于统治地位的民族强迫被统治的民族采用他们的语言文字，而限制或禁止被统治民族使用自己的语言文字，目的在于奴役和同化被统治民族。

(2) 非强迫同化指的是某一民族自愿地采用其他民族的语言，放弃使用自己语言的现象。例如，5 世纪，由我国北方鲜卑族统治的北魏政权建立，统治者提出“断诸北语，一从正音”，规定王公卿士在朝廷上要禁止说鲜卑语(北语)，讲汉语，旨在学习汉族先进的文化，巩固自己的统治。由于非强迫同化是自愿的，因此比较容易取得成功。

(二) 语言混合

语言融合的另外一种特殊的形式是语言混合，具体指的是两种语言拼凑起来组成一种混合语，“洋径浜”就是这样的特殊形式。洋泾浜是旧时上海外滩的一个地带，是洋泾浜(一条小河的名字，后被填平成为一条马路，即今天的延安东路)与黄浦江的汇合处。20 世纪 50 年代之后，洋泾浜是外商聚集之地，当地人与外国人接触频繁，在商贸往来过程中说的是一种变了形的语言，即“洋泾浜英语”。“洋泾浜英语”的词汇基本来自英语，而语法来自汉语。

洋泾浜语法比较简单，词汇较为贫乏，交际功能非常有限，因此不是真正意义上的语言，它只是外语水平不高的情况下出现的一种应急语言。新几内亚的“Tok Pisin”是现在还流传着的洋泾浜语言。该语言已定型，以英语为主体，含有约1500个词汇，80%为英语词汇，表达方面有一些变化。例如：

inside bad 伤心（里边悲伤）

grass belong face 胡子（属于脸的草）

第四节　现代语言学的发展趋势

自20世纪初，现代语言学兴起之后，一直处于不断的变化与发展中。本节就探讨现代语言学的发展趋势。

纵观语言学的发展历史可以看出，各语言学派研究的对象都是针对语言本身，也就是对语言形式及其演变进行研究。由于语言观与语言学方法论不同，各语言学派的侧重点也不同，但是可以清晰地看出语言学派的发展趋势。最初，语言学家只对人类已有的话语资料进行研究，关注音位、词、句子等语言实体，并对各自所具有的特点加以描述，同时进行分类，然后对其中的关系进行阐释。实际上，这只对静态的语言结构进行了阐释。这一静态的语言研究方法对认识该语言系统十分有利，但还不足以全面地认识人类语言的本质特征。

凡是有规律的系统，都会与其他系统发生一定的联系，并不是封闭的、一成不变的。因此，该语言系统应是开放的、动态的。语言是一种社会现象，处于社会大系统中的语言系统必然受其他社会因素的影响，并且与其他社会因素具有各种联系。从这一意义上来讲，在对语言与社会的关系进行研究的过程中，将语言系统与社会大系统联系在一起，对探寻语言的本质特征与语言系统的内在规律有积极的促进作用。社会语言学主要对人类语言与社会关系进行研究，该学科打破了语言静态研究的局限性，为现代语言学的发展提供了新的研究视角。过去，语言学家通常将研究对象化整为零、分门别类，仅分析单一的语言结构，这样的研究方法不适合当今语言学的发展。当今语言学开始由单一性研究逐渐转变为综合性研究。语言与很多因素如社会、历史、文化等都有紧密的关系，如果仅仅局限于单一的语言学学科，就很难较完整地对语言的本质特征进行阐释，这样的研究比较片面，给研究者的研究带来困境。

各个学科之间相互影响、相互渗透，逐渐形成了一个“中间地带”，从而给研究者提供一个新的视角，因此，诸如心理语言学、计算机语言学等很多交叉学科相继产生。综合运用多种学科的方法、原理和范式，推动语言学研究从单一性研究向综合性研究的转变，有利于对语言的本质特征与规律进行全方位的揭示，从而促进语言学的进一步发展。

当前，随着信息技术的快速发展，语言与技术相结合的领域引起了众多语言学家的关注，由此使得语料库语言学成为当前以及未来语言学发展的趋势之一。

语料库语言学是以现实生活中人们运用语言实例为基础进行的语言研究。从该定义可知，作为一门学科的名称，“语料库语言学”不属于语言自身某个层面的研究，而是一种以语料库为基础的语言研究方法。它包括两个方面：对自然语料进行加工、标注，用已经标注好的语料进行语言研究和应用开发。人们可以从不同的角度来认识语言：语言可以被认为一种人类天赋，能够被自然习得；可以被视为学过的所有词语或者文本的总和。如果我们想知道一个法语句子是否符合语法规范，就要依靠标准语言学；如果我们想查出一些词语、句子或文本的含义，就要借助语料库语言学。语料库语言学把语言看作一种社会现象，关注语言的含义。所谓含义，就像语言一样，是一种社会现象，是由话语社团的成员所决定的。没有一个简单的公式可以总结出词汇的含义。不同的人对同一个词有不同的解释，并不存在对错之分。含义是人们在交流中分享的内容。

语料库语言学以话语为基础研究语言。它的研究对象是话语的样本，而这一样本就是语料库。语料库所收集的是某种语言中自然出现的全套语言材料，有学者认为人们可以从语料库中得到语言知识，可以把语料库中的这些材料作为研究语言的素材。乔姆斯基反对这一观点，认为语言具有创造性，人脑具有理解和生成无数个句子的能力，语料库的研究只能展现所说的有限话语，语言是收集不完的，语料库不会预示明天人们会说些什么。有些词典编纂者也曾质疑语料库的可靠性和科学性，他们认为语料库只是随意地收集了一些话语。然而，随着科学技术的进步，社会上不断有新词汇出现，语料库不可能囊括人们所说的所有话语，但人们可以建设更大规模的语料库，甚至可以把网络作为虚拟语料库来进行大规模的语言研究。语料库语言学提供了一个从不同的角度来审视语言的方法，必然会以其代表性、真实性、兼容性、客观性等优势成为今后语言研究的主流。

近年来，许多语料库语言学家都讨论过语料库语言学的发展前景。有的学者认为，随着计算机运行速度的加快、体积的缩小、价格的下降，语料库的规模、利用率都会有进一步的提升。麦克内里指出，语料库语言学的发展取决于计算机发展、国际关注度、语料库规模和类型。综合来讲，语料库语言学的发展前景体现在以下三个方面：

（1）基础语料库的发展。20 世纪 90 年代以来，人们进一步深化了对民族语言资源价值的认识。欧洲的许多国家为了维护、发展本民族语言，相继建立了大型语料库。同时，为了克服目前书面语语料库和口语语料库发展的失衡，促进口语研究的发展，应该加大口语语料库的发展。

（2）语料标注的发展。语料库标注是对语言进行多维、多层面分析的基础，语料库标注的层次和质量在很大程度上决定了语料库的有效利用。语料库标注应该在以下三个方面寻求发展：

其一，语言各层面的标注在发展上有些失衡。词汇层、句法层、语音层和音位层等标注的发展比较靠前，语义层和语用层标注的发展相对滞后，这两个层面是今后发展的着力点。

其二，把语料标注过程中所体现的语言分析规范尽可能写成文件。

其三，尽可能使用普遍认同的标记，并且应在一条规范与另一条规范之间进行转换时提供必要的信息。

（3）语料处理工具的发展。从语料库中检索数据的软件工具和对语料进行加工的软件工具影响着语料库的分析。通过充分利用统计学方法，建立科学有效的语料处理工具，对提高语言学研究效率大有裨益。目前的软件工具在数量上比较充足，但是其中的大部分工具缺乏通用性，适用范围有限，只是针对某一个特定的语料库，因此有待改进。

参考文献

[1] 黄清贵，肖晶．现代英语语言学基础教程［M］．厦门：厦门大学出版社，2021.

[2] 霍然．大数据时代英语专业教学理念与实践研究［M］．北京：中国纺织出版社，2021.

[3] 高原，史宝辉．现代外语教学与研究（2021）［M］．北京：中国人民大学出版社，2021.

[4] 王小丽．现代英语语言学多维探索与研究［M］．西安：西北工业大学出版社，2020.

[5] 吴一帆．现代英语语言学多维探索与研究［M］．西安：西安交通大学出版社，2020.

[6] 纪旻琦，赵培允，马媛．英语语言学理论与发展探究［M］．长春：吉林大学出版社，2020.

[7] 吴燕侠．语言学理论实用教程［M］．成都：西南交通大学出版社，2020.

[8] 杜翠芳．英语语言学与应用语言学综合研究［M］．西安：西安交通大学出版社，2020.

[9] 张春烨．现代英语词汇学导论［M］．哈尔滨：哈尔滨工业大学出版社，2020.

[10] 李丽．英语语言学理论研究［M］．北京：现代出版社，2020.

[11] 沈继荣．语言学与英语翻译［M］．北京：清华大学出版社，2020.

[12] 杨立民，徐克容，陆培敏．现代大学英语精读 1（第 2 版）［M］．北京：外语教学与研究出版社，2020.

[13] 江涛．现代语言学理论与教学动态发展研究［M］．长春：吉林人民出版社，2020.

[14] 黄云龙，朱静静，苏楚然．英美现代语言教学理论与语用实践研究［M］．哈尔滨：哈尔滨出版社，2020.

[15] 孙睿．商务英语教育研究［M］．长春：东北师范大学出版社，2020.

[16] 张丽亚．现代英语语言学研究［M］．长春：吉林人民出版社，2019.

[17] 郭月琴．现代英语语言学的多维分析及其发展研究［M］．北京：中国大地出版社，

2019.

[18] 田昆，戴文婧. 现代英语语言学基础理论的多维分析及发展研究［M］. 北京：中国大地出版社，2019.

[19] 杨静. 现代语言学流派与英语教学探究［M］. 北京：中国商业出版社，2019.

[20] 赵永琴. 现代英语语言学理论研究与实践［M］. 郑州大学出版社，2019.

[21] 唐瑞. 现代英语语言学多维探究［M］. 北京：中国商务出版社，2019.

[22] 冯华，李翠，罗果. 英语语言学与教学方法研究［M］. 长春：吉林人民出版社，2019.

[23] 张丽霞. 现代语言学及其分支应用语言学的理论与实践研究［M］. 北京：中国大地出版社，2019.

[24] 张晶薇. 简明英语语言学理论与实践［M］. 沈阳：辽宁大学出版社，2019.

[25] 张红深. 英语语法的故事［M］. 厦门：厦门大学出版社，2019.

[26] 陈彦华. 英语语音语调基础理论与实践研究［M］. 北京：中国商业出版社，2019.

[27] 冯小巍. 现代英语语言学多维探索与研究［M］. 北京：新华出版社，2018.

[28] 温宏社，刘满堂. 现代英语语言学导论［M］. 西安：陕西人民出版社，2018.

[29] 史云林. 现代英语语言学研究［M］. 北京：中国国际广播出版社，2018.

[30] 刘小琴. 现代英语语言学与英语教学研究［M］. 青岛：中国海洋大学出版社，2018.

[31] 赵涛. 现代英语语言学理论研究［M］. 长春：东北师范大学出版社，2018.

[32] 孙媛媛. 现代英语语言学及应用研究［M］. 北京：现代出版社，2018.

[33] 翁凤翔. 商务语言学［M］. 上海：上海交通大学出版社，2018.

[34] 孙晓红，刘邦凡. 语言逻辑与语言教学研究［M］. 长春：吉林出版集团股份有限公司，2018.

[35] 刘正光. 语言非范畴化语言范畴化理论的重要组成部分（修订版）［M］. 上海：上海外语教育出版社，2018.